在线教育背景下高校教学
模式改革研究

周子又　孔媛媛　高如云　著

中国原子能出版社

图书在版编目（CIP）数据

在线教育背景下高校教学模式改革研究 / 周子又，
孔媛媛，高如云著. --北京：中国原子能出版社，
2023.12

ISBN 978-7-5221-3245-7

Ⅰ. ①在⋯　Ⅱ. ①周⋯　②孔⋯　③高⋯　Ⅲ. ①高等学
校−教学模式−研究−中国　Ⅳ. ①G642

中国国家版本馆 CIP 数据核字（2024）第 005129 号

在线教育背景下高校教学模式改革研究

出版发行	中国原子能出版社（北京市海淀区阜成路 43 号　100048）
责任编辑	杨晓宇
责任印制	赵　明
印　　刷	北京天恒嘉业印刷有限公司
经　　销	全国新华书店
开　　本	787 mm×1092 mm　1/16
印　　张	13.5
字　　数	194 千字
版　　次	2023 年 12 月第 1 版　2023 年 12 月第 1 次印刷
书　　号	ISBN 978-7-5221-3245-7　　　定　价　**72.00 元**

网址：**http://www.aep.com.cn**　　　E-mail：**atomep123@126.com**
发行电话：**010-68452845**　　　版权所有　侵权必究

前　言

在当今时代，创新人才培养方式、提高高等教育质量直接关系到国家经济发展与社会进步。作为一种新的远程教育形式，在线教育能够让学习者实现自主学习、碎片化学习，使多样化、个性化的学习需求能够得到满足，并且在线教育所具有的共享性和开放性也使教师和学习者能够打破时间和空间的限制，减轻甚至消除语言的障碍和经济能力等因素的限制，也能够转变过去以教师为中心的教学模式，使学生成为课堂教学的主体，成为教学的中心，从而最大程度地利用优质且稀缺的教学资源。

全书分为七章，第一章介绍在线教育概况，从在线教育的发展情况、在线教育的主要模式、在线教育的教学设计、在线教育的课程开发四个方面进行阐述；第二章以外语教学为例介绍高校教学模式现状，从教学模式概述、教学模式的演变与发展、高校外语教学模式的现状三个方面进行详细阐述；第三章介绍网络课程，对网络课程的定义、发展、核心要素、开发与设计以及高校外语教学对网络课程的应用进行阐述；第四章介绍视频公开课，对视频公开课概论，视频公开课的设计、制作以及高校外语教学对视频公开课的应用进行阐述；第五章介绍微课，对微课的理论基础、微课的开发与制作以及高校外语教学对微课的应用进行阐述；第六章介绍翻转课堂，从翻转课堂的发展与运用和高校外语教学对翻转课堂的应用两个角度进行阐述；第七章介绍慕课，对慕课的概念及发展概况，高校对慕课资源的开发、利用，以及高校外语教学对慕课的应用进行论述。

在撰写本书的过程中，作者得到了许多专家学者的帮助和指导，参考了大量的学术文献，在此表示真诚的感谢！本书内容系统全面，论述条理清晰、深入浅出，但由于作者水平有限，加之时间仓促，本书难免存在一些疏漏，在此，恳请同行专家和读者朋友批评指正！

作　者

目　录

第一章　在线教育概况

在线教育的快速发展离不开互联网、大数据、云计算、移动计算等现代信息技术的广泛应用与快速发展。本章主要从在线教育的发展情况、主要模式、教学设计、课程开发四个方面进行阐述。

第一节　在线教育的发展情况

一、在线教育的内涵、特点与要素

在线教育是"互联网＋教育"的产物，目前这一全新的教育形态，正在成为教育领域发展改革的热点和方向，要想了解在线教育，必须对在线教育的内涵、特点以及在线教育的优势、不足有所认识。

（一）在线教育的内涵

"在线教育"，又被称作"互联网教育""在线学习""网络教育"或"网络远程教育"，是一种利用互联网等数字化工具来进行学习的模式。在国外，"在线教育"对应的是"E-Learning"，指的就是学习者利用电脑或者其他移动设备在网络上进行的学习活动。学习者可以通过在线教育的慕课、微课、视频课堂、实时线上沟通等途径来进行线上学习、线上练习、线上交流和线上测验等。在 E-Learning 里，"E"象征着电子化、高效、扩大、深度、提升、研究、实践和易于操作等。在线教育充分运用了互联网的思维和科技革新，打破了时间、空间的限制，创造出一种与传统面对面授课截然不同的全新教育模式，这是一种基于网络的教学方法和学习手段。借助网络的便捷性，学生们可以无论何时何地都能进行学习，彻底颠覆了传统教育的时空束缚。一门慕课课程能够吸引数量庞大的学生注册学习，即使相隔再遥远，学生也能够实时领略知名大学教师的精彩讲解。在面临困扰时，学生可以实时寻求老师或同伴的帮助，或者通过手机扫描来获取解决方案。对于那些工作压力大、学习时间不稳定的人来说，在线教育无疑是最便利、最适宜的学习途径。在线教育并非仅仅把传统的课堂搬到互联网上，它的含义极为丰富：

首先，在线教育完全呈现出"开放、共享、参与、交流"的关键特性，使教育范围由学院延伸至社区，转变了对知识的传授方法，同时借助科技创造出一种以学生为焦点、由老师进行引领的教学活动，让学生积极投入教学过程。

其次，在线教育拥有全面的学习流程，包括学习、检验、评估以及指导；在线教育的素材通过细致的组织与调整，更适应大众的思维模式以及零散学习、广泛学习的需求，更容易使学生达成个性化学习与自我适应学习的目标，从而增强了学习的效果，使学习者获得更多的满足感。

再次，在线教育是依托教学平台来执行的，该平台不仅提供网络课程，也具备教学、学习、监督、服务的各项功能，同时也创建了帮助教师研究学生学习行为并高效引导学生学习的学习资料库、帮助执行个性化教学的教学资源库、帮助培养应用型人才的教学示例库、帮助混合式教学的虚拟试验库、帮助过程评估的试题库、帮助处理日常问题的智能回复库等。

最后，学生可以根据个人的兴趣和需求，在网络上选择各类课程，从而获取各类学位、证书或学分，减少学习的花费。高校借助这些开放的教学资源，进行混合式教学与翻转式教学，能够解决课程设置的不足，补充教师在知识更新过程中的短板，通过实施学分互认，也促进了大学之间、大学与行业/公司之间、学历与职业教育之间的学术交流和认证转换。

（二）在线教育的特点

互联网与传统教育的深度结合构成了在线教育这一教育模式，其独特之处在于两者的融合。我们不能简单地用互联网的常规思维去解读它，也不能仅仅从传统教育的视角来理解它。在线教育的特性可以概括为五个"任何"，即任何人都能在任何时间和任何地点学习任何课程中任何部分的内容。

从互联网和教育的融合可以发现在线教育的五个主要特征：

一是资源利用最大化。在线教育环境下，学校和其他教育机构能够通过网络将各种各样的教育资源（也被称为富媒体内容），如优秀的教师、高品质的课程等，广泛地传递给各个角落，以实现教育资源的公开和共享。教育资源打破了时间和地点的束缚，使教育的影响力超越了传统学校的界限。

二是学习行为自主化。在线教育将学习模式由"以教师为中心"转变为"以学习者为中心"，学习者根据自身发展目标或兴趣需要，自主进行在线学习。学习者自觉、自发地进行自主学习，学什么、什么时间学、怎么学、做哪些练习完全由学习者自主决定。

三是学习过程互动化。利用网络和学习平台，师生可以通过文字、图像、语音、视频等多种媒介，实现同步或异步的双向交流、协作学习、解答疑问、探讨问题、信息共享等，这不仅激发了教学双方的积极性和探索精神，也缩短了教师与学习者之间的心理距离，拓宽了他们的交流领域。

四是学习内容个性化。在线教育弱化了学习起点、目标、内容、进度等的一致性要求，为学习者创造符合其个性需求的学习环境，真正实现"因材施教"。学习平台对每个学习者的学习阶段、过程情况等都能实现系统完整的跟踪，按需"推送"学习资源；同时，完善的学习支持服务系统可根据系统记录的个人资料，针对不同学习者给出个性化的学习建议，为个性化教学提供了实现途径。

五是教学管理网络化。基于网络的教学管理平台具有自动管理和交互处理功能，使在线教育中学习者的咨询、注册、交费、查询、选课、作业与考试、学分与证书等都能实现自动管理；教学过程中的教学计划管理、教学过程管理、教学质量管理与评价、教学课程管理、教学资源管理以及教学队伍管理等，都可以通过网络的远程交互方式来完成，实现了网络化的教学管理。

（三）在线教育的基本要素

1. 在线教育的学习者

学习者是在线教育的中心，是知识学习和探索的主体。与传统教育相比，在线教育的学习者数量庞大，主要为在校学生和在职人员，也包含自由职业者、退休与赋闲在家者等其他人员。

在线教育学习者的构成多元，学习者之间的年龄与性别、学历与专业、职业与经历、素质与能力、兴趣与爱好、个性与习惯差异明显，学习者的学习动机与目标、学习能力与态度、学习策略与方法各不相同。

在线教育的教学环境是开放、自主、个性化的，学习者主导学习过程并独立自主学习，由于缺乏学习氛围、缺少指导监督、没有面对面交流，学生容易迷失方向，失去学习的主动性和积极性，这对学习者的意志力和自制力、学习能力和学习情感是个考验。与传统课堂相比，学生的自主学习能力对在线学习质量和效果的影响更大。因此，在线教育的学习者，必须扔掉传统教育中形成的被动接受知识、依赖教师与课堂等习惯，养成在线学习习惯和能力，变被动消极地学习为主动创新地学习，实现从"学会"

到"会学"的转变。

一要掌握网络学习的基本技能。学习者除了能熟练操作个人电脑和智能终端外，还必须具备教育信息和学习资源获取与应用技能、学习平台和交流工具操作技能、与教师和学习伙伴沟通的技能、合作学习的技能、自我学习管理技能、时间管理技能等。

二要提升自主学习的内驱力。内在推动力源于对某种需求的满足，这种推进力被称为学习内驱力。在网络教学环境下，增强学习者的主动学习能力至关重要。学习者应该主动去增强学习的内在推动力，深刻理解学习是个人进步的必然需求，明确自身主导学习的角色，同时也应该有获取知识的强烈愿望，进一步通过积极的学习态度、优秀的学习情绪、战胜挑战的决心来实现学习目标。另外，学校可以通过创造优秀的学习环境、对教师和同学进行评估以及实施相应的奖励措施，来激发学生的学习动力。

三要养成探索创新的学习习惯。在线学习就是一种充满探索和创新的学习方式。这种学习方式鼓励学习者独立去寻找问题，同时也是他们积极掌握新知识、新技巧、新能力，以此来拓宽他们的视野的一种方式。创新学习鼓励学习者勇于尝试新的思维模式、新的学习手段和新的学习路径。在网络学习环境下，学习者需培养出互联网思维、开放性思维、动态性思维以及自我思考的习惯，积极地吸收新的知识，并运用这些知识来处理问题。

2. 在线教育的教学者

教学者是在线教育的关键，是在线教学活动的主导。在线教育的教学者不仅包括教师，还包括咨询人员、管理人员、技术保障人员等。

在线教育中的教师不仅要承担传统教学中的教导、授课和解答疑惑的任务，更关键的是要提供学习指导和进行监督。因此，在线教育中教师被定位为知识的阐释与传导者、教学活动的组织者、学习者学习的指导者、在线课程资源的设计和构建者，并且教师的指导作用被特别强调。

对于教师来说，在线教育并非只是改变一下教学方法这么简单，他们必须改变自己的教育观念，接受网络环境下的新型教育模式，并适应新的教学策略和工具。

一是认可在线教育的模式。传统教育以教师为中心，教师处于整个知识传播过程中的绝对主导位置。在线教育改变了传统的以教师为中心、以课堂为中心的教育模式。在线教育以学习者为中心、以自主学习为中心，教师不再仅仅是传授者，更是学习伙伴，帮助学习者获得更好的学习体验。在线教育中，学习者对教师的依赖明显减弱，其教学模式从教师主导课堂和单向传授知识的"满堂灌"，向学习者"自主学习"、更加强调双向对话交流与互动的"翻转课堂"转变，教师的作用从教学的绝对主导者变成了学习者自主学习的指导者。针对各种水平的学习者，策划出适宜的学习主题和活动，提供丰富的学习资料，指导并推动学习者自主学习，激发他们的积极性和互动性，与他们平等沟通，实时掌握他们的学习进度、知识掌握状态，并给出准确的评估和反馈等，这些都是对教师的教育观念和能力的新挑战。

二是适应在线教学的方式。传统教育中，教师课堂上的教学，如讲授知识、案例分析、操作示范、讨论问题、练习测试等，都是直面学习者。在线教育往往需要教师事前将授课过程完整地录制下来形成优质资源，提供给学习者自主学习。师生时空分离，整个录课过程或许没有任何学习者，教师很可能失去讲课的兴奋状态，变得兴味索然。为消除教师在接触在线教育初期遇到的这种问题，现在有的课程录制采用现场授课的方式，通过营造教室氛围缓解教师的孤独感。另外，在线教育要求网上课程的内容、形式和学习体验都要具有吸引力，这样才能激发学习者的学习兴趣。因此，教师还必须掌握一定的网络教学艺术，达到自有风格且语言美、观感美的教学境界。

三是应用数字化教学的手段。传统教学中，教师只需要熟练运用 PowerPoint（即 PPT）等软件制作课件，搜集相关教学素材，建立相应试题库。在线教育需要大量视频、声音、图片、图形、动画、文字、表格等数字化教学素材，教师不仅需要熟练运用音视频处理、课程制作等相应软件，还需要搜集、掌握大量网络优质教育资源、教育平台的信息。此外，丰富的题库资源也是在线教学的特色之一，教师应该遵循在线教育特点和规律，学习借鉴线上题库建设、测试考核的经验做法，提升试题筛选、审核、编制和维护的能力。

除了教师以外，在线教育对教学管理者、咨询人员、技术保障人员也提出了更高的要求。

教学管理者，担负着在线教育教学管理职责，负责在线教学标准规范制定、课程设置与资源开发管理，对在线教学过程进行监控与管理，对在线教学质量进行监督、评价与反馈。教学管理者要适应开放共享、个性化学习和大数据环境下的教学管理模式，更新管理观念，树立管理就是服务的思想，遵循在线教育教管结合的原则，采用信息化、个性化、动态化管理手段，重点做好对学习者及其学习过程与学习认证评估的管理、对教师学习指导和督导过程的管理、对学习条件和环境的管理，并处理好服务与管控、放开与约束、静态刚性与动态针对性的管理关系。

咨询人员，为学习者提供各类与特定课程内容无关的学习问题解答、帮助和建议服务，如在线学习中的学习情感、学习策略、学习指南、媒体平台与资源使用、沟通交流机制等问题。咨询人员必须对在线教育的政策规定、行政与业务流程、具体技术操作十分熟悉，掌握一定的心理学知识和沟通技能，并及时跟踪了解学习者的学习行为和常见问题，才能为学习者提供高质量的支持服务。

技术保障人员，担负着在线教学环境的技术保障工作，主要是保障在线学习的网络系统、教学平台、虚拟校园和虚拟教室的设施设备及软件系统的正常运行，参与在线课程与教学资源建设的开发与维护，按需推送个性化的学习资源等。技术保障人员必须按照分工，各有侧重地掌握网络技术、计算机技术、数据库技术、教育技术、多媒体技术、虚拟现实技术、资源开放技术、视听技术等，才能为在线教育提供多元化的技术保障。

3. 在线教育的课程资源

在线教育的关键在于课程资源，它决定了在线教育的成功与否。

（1）在线教育课程资源的内涵

资源是为达到特定目标提供的直接、可用的物质、能量和信息。课程资源可以被划分为广义和狭义两类，广义的课程资源包括素材型和条件型资源；而狭义的课程资源只包含了素材型资源。

在传统的教育体系里，课程资源可以被划分为在校的课程资源和校外课程资源两大类。在校的课程资源涵盖了教科书、课件、教案、教学素材，老师的教学手段、教学技巧和教学经历，学生的学习技巧和学习经历等基础型的课程资源，还有学校的各类教室、实验室、图书馆以及校园的各类活动等环境型的课程资源。校外课程资源，主要包括校外的图书馆、科技馆、博物馆、网络资源、家庭资源等条件性课程资源。

在线教育的课程资源涵盖的范围相对较小。目前，公认的在线课程资源主要指网络上的各种数字化内容资源，包括在线学习过程中需要使用的课件、教学大纲、讲义、案例、媒体素材、习题与试题库、常见问题解答库、参考文献资料等。其中，课件包含网络课件、视频课件、PPT课件等，媒体素材包含文本类、图形/图像类、视频类、音频类、动画类素材等。

（2）在线教育课程资源的类别

在线教育的课程资源中可以根据各种标准进行分类。按照使用方法的差异，在线课程资源可以被划分为即时和延时两类。而根据使用终端的不同，在线课程资源可以被划分为PC版、移动版以及两者兼容的版本。依据应用场景的差异，网络课程资源可以被划分为三大类别：一是学习类资源，如视频、三分屏、Flash、HTML 及自定义格式的课件等；二是考试类资源，如练习、测试与题库等资源；三是其他资源，如参考文献资料、问题解答库。

（3）在线教育课程资源的格式

在线教育的课程资源中，课件是最主要的资源。目前，在线教育的课件按照数据格式的类型，可分为高清视频类、动画类、三分屏类、HTML/HTML5 类、自定义类、特殊类 6 个类别。

高清视频类：高清视频课件是目前使用最广泛的形式，教学效果较好，但课件录制与使用条件要求较高，需要专门的团队才能完成制作，必须有专门的摄录室、传输速度较快的网络设施和高配置的视频服务器。

动画类：该类课件能够更加生动形象地表现内容，但其开发成本极高，每小时的成本达数万元，而且需要课程负责人、教学设计团队、美工、动画制作、软件工程师等多种角色参与。

三分屏类：把教师授课视频与 PPT 或其他电子文档课件一并录制下来生成课件，通过浏览器进行播放。生成的课件包括教师的视频、讲课的内容、课程的纲要，因此称为三分屏课件。

HTML/HTML5 类：这类课件是以网页的形式呈现的，主要以文本和图片为主，内容与交互感有限，但需要的网络传输速度较低，较适合在移动终端使用。

自定义类：在通用的课程格式无法满足实际需求时，可自定义课件资源格式，一般使用专用的播放器播放，多应用于语言学习领域。

特殊类：随着技术的发展，现在出现了虚拟现实、仿真和模拟操作等学习方式，针对这类学习，课件采用的是 VRML 等特殊格式。

二、在线教育的发展历程

目前在线教育风头正劲，在线教育行业热点不断，在线教育市场正在走向成熟。在线教育在我国的基础教育、高等教育、职业教育、各类培训中得到了广泛的应用，未来将成为建设学习型社会的主要途径。

（一）萌芽起步阶段

我国高校是在线教育的主阵地。高校在线教育的发展，可追溯到 20世纪 90 年代高校现代远程教育（即网络远程教育）的试点。

1994 年，原国家教委实施"中国教育和科研计算机网示范工程"，为高校发展在线教育奠定了基础。

1996 年，时任清华大学校长王大中提出发展现代远程教育的构想。

1998 年 6 月，教育部基于现代远程教育发展的紧迫性报请国务院批转《关于发展我国现代远程教育的意见》，并提出现代远程教育的任务、目标、指导方针、实施措施等。1998 年 7 月，李岚清指出，"远程教育是利用现代信息技术，发展高素质教育的一种教育方式，是一件很大的事，我们应作为一项重大工程来研究实施"[①]。同年 12 月，教育部制定了《面向 21 世纪教育振兴行动计划》，积极推动现代远程教育的发展，努力建成开放式的教育网络，倡导终身学习的理念。

1999 年 3 月，清华大学、浙江大学、北京邮电大学和湖南大学四所学府获得了现代远程教育的初级试点资格；同年的 4 月，中央广播电视大学的人才培养模式进行了改良，开始了开放式教育的探索。

2000 年 7 月，教育部批准中国人民大学、复旦大学等 15 所高校开展现代远程教育试点，构建信息化的人才培养模式，实现多模式、多渠

---

① 黄正明. 远程教育教程［M］. 北京：北京交通大学出版社，2017.

道、多终端的教学过程，探索面向社会需求和市场办学的新机制，促进教育公平和均衡发展，加快高等教育大众化进程，同时推动试点高校的信息化建设。

到 2002 年，教育部共批准 68 所普通高校和中央广播电视大学（即国家开放大学），开展现代远程教育试点。配合试点，各高校制定了网络远程教育的措施和配套政策，建立了网络教育环境、校外学习中心与学习点，建设了网络课程和远程教育课程，开展了普通专科、专升本、研究生学历教育和继续教育。

（二）发展成长阶段

2012 年 6 月，中国开放大学（The Open University of China，OUC）正式成立，这是一所由我国教育部直接管理的新型高等学府，它依托现代 IT，服务于全体社会成员，并实行远程开放教育。中国开放大学同时实行学历教育与非学历教育，学校有权授予学士学位。

随着国外大型开放式在线教育平台 Coursera、Udacity 和 edX 的出现，慕课（Massive Open Online Courses，MOOC）开始兴起。2013 年，清华大学宣布加入美国在线教育平台 edX，并开设了四门慕课课程。

此后，慕课大规模进入亚洲，香港科技大学、北京大学、清华大学、香港大学等相继开设在线课程。以清华大学为首的多所高校开始在国内建立自己的慕课平台，进一步拓展在线教育模式，促进优质教育资源的开放与共享，为社会提供更加广泛的教育服务。

移动互联网技术、移动智能端口（平板电脑、智能手机等）的发展和普及为在线教育产品提供了新的发展空间。多媒体、新媒体、自媒体纷纷加入在线教育行业，产品日新月异，商业模式不断更新，我国进入了工具、平台、内容多元化在线教育时代，低质量的在线教育产品逐渐落伍，在线教育市场逐渐走向理性。

2018 年以来，在线教育行业发展虽然增速放缓，但仍然保持着高增长的状态，行业前景良好。在政府、社会、学校的多方合力下，当前在线教育行业取得了长足发展。

随着 80 后、90 后父母教育意识的升级，对在线教育的认知与接受程度进一步提高，消费者的支付意愿正在不断提升。

在线教育的发展很大程度上是随着移动互联网的浪潮发展起来的。移动智能端口，如智能手机、平板电脑，便于携带、操作简单，更符合在线教育打破空间限制、充分利用碎片化时间的特点。

截至 2020 年 3 月，正保远程、51Talk、跟谁学、新东方在线、流利说、尚德机构、有道 7 家在线教育企业顺利上市。随着上市企业逐渐增加，并购也开始出现，在线教育行业进入优胜劣汰的红海市场。

（三）国家政策支持

政府的积极参与是我国在线教育事业发展过程中呈现的一大特点。正是由于相关政策法规对在线教育市场的推动与规范，我国的在线教育事业得以顺利发展。

1998 年 10 月，教育部将现代远程教育工程列入"面向 21 世纪教育振兴计划"。1999 年 6 月，召开全国教育信息化工作座谈会，发布《全国现代远程教育发展规划》，并宣布开始实施现代远程教育工程。我国在线教育行业进入迅速发展阶段。

《国家中长期教育改革和发展规划纲要（2010—2020 年）》（中发〔2010〕12 号）在 2010 年 7 月被公布。

2016 年 6 月，《教育信息化"十三五"规划》（教技〔2016〕2 号）由教育部公布，其中明确了到 2020 年，要构筑一个能够满足所有人、所有地方、所有时间的需求，并且能够适应国家教育现代化的体系。这个体系将主要体现在推动学生的全方位发展，为教育的整体改革提供支持，以及增强教育的创新性、公正性、高品质性。同时，也将逐步塑造一条符合国际前沿的、信息科技与教育相结合的中国特色的教育信息化发展道路。

2018 年的 4 月，《教育信息化 2.0 行动计划》（教技〔C2018〕6 号）由教育部公开发布，该计划的主要目的是在 2022 年前，达到"三全两高一大"的发展目标，也就是说，所有的教师都能够使用教学应用，所有的学生都能够使用学习应用，所有的学校都能够进入数字化的校园环境。这样，我们的信息使用能力以及教育工作者的信息能力都会得到显著的提升，从而构建起一个"互联网＋教育"的综合性平台。推进教育专用资源向大型资源的转型，从增强教师和学生的 IT 运用能力向全方位提高他们的信息素质的转型，实现线上教育的创新发展。不断结合现代信息科技和现代教育，不断深化"三通两平台"的建设，基于互联网的教育服务创新模式积极开发"互联网＋"人才培养模式，努力寻求现代信息技术下的创新教育管理方法，实现互联网和教育的持续深化结合，打造一个完善的线上教育网络平台。

2019 年 7 月，《关于规范校外线上培训的实施意见》（教基函〔2019〕8 号）由教育部与 6 个部门联合发布，这是首个国家级的在线培训示范文件。其主要目标是确保在线教育平台的教师素质和合规性，并且要求在 2020 年 12 月底之前，建立起全国统一、部门协作、上下联动的监管体系，基本构建出政府科学监管、培训有序进行、学生自主选择的模式。政府的意见发布体现了对在线教育行业进步的关注，在线化在促进教育公平和普及方面具有显著优势。通过制定行业规章来规范市场秩序，是该行业成熟的一个标志。通过遵循市场运作规则的政策来淘汰低质量的机构，有助于净化市场环境，遏制不良竞争。

《关于促进在线教育健康发展的指导意见》（简称《指导意见》）（教发〔2019〕11 号）由教育部和其他 11 个部门在 2019 年 9 月公开，强调了在线教育作为教育服务的关键环节，推动其发展将有助于打造一套全面、数码、个性化的终生教育体系，并且能够推动我们更好地实现"人人皆可学、处处可学、时时可学"的学习型社会的目标。

三、在线教育的优势与不足

（一）在线教育的优势

在线教育是一种新的教育方式，也是一种新的教育形态，给所有的教育机构提供体现其价值的机会，也为所有的学习者提供提升自我价值的机会。尽管在线教育不可能完全替代传统教育，但相对传统教育而言，具有创新性和独特优势。在线教育促进了传统教育的改革与创新，其创新性体现在以下四个方面：

一是教育思维的创新。传统教育一直沿袭着以教为中心的理念与方式，互联网时代的变革，将教育的中心从"教"革命性地转化为"学"。以教为中心的教育，以教师作为主体，以教材和课堂作为主导，注重知识的传授与灌输，学习者被动学习和接受知识，常常忽略学习者主动性、积极性、创造性。以学为中心的教育，以学习者作为主体，学习者是知识、技能的构建者，他们自主学习、主动思考、独立提出和解决问题、发表不同见解；教师承担引导和指导的作用；课堂以培养学习者的自主学习能力、知识应用能力和创造力为根本。

二是资源利用的创新。教育资源是开展教育的基础和条件，资源共享是实现教育公平的有力保障。打破教育资源在地域空间上的不平衡，实施共建共享，让学校、政府、行业、企业甚至全球的各类优质教育资源从封闭走向开放，使学习者有更多的学习机会和多元化、个性化的选择，这是在线教育一出现就锁定并已经实现的主要目标。

三是教育环境的创新。良好的教育环境不仅包括优良的师资队伍和教育设施设备，也包括科学的教育理念、教育制度、教育方法和教育手段，以及良性开放的教育氛围等。传统教育模式下，教学活动常常禁锢在校园内，教育资源有限且参差不齐，教育形式和手段有限，师生交流的手段、渠道和范围有限，缺少和谐、开放、创新的教育氛围。在线教育构建的网上虚拟校园，能够改变教育环境，弥补上述短板。借助社会化的教育资源、教学产品以及自由和个性化的学习，在线教育可以更好地传播知识和养成能力，这也是在线教育发展的最大动力。

四是学习形态的创新。传统教育模式下，知识学习主要通过课堂的班级学习完成。互联网时代连通一切、跨界参与、释放潜能、个性化定制，动摇了传统知识学习的根基，使知识学习更具社会性、规模性、连通性、延伸性、拓展性、反馈性、媒体化、碎片化和个性化等特性，具有时代特征和价值的规模学习、跨界学习、定制学习、众创学习、自主学习、混合学习、翻转学习、多维学习、仿真学习、移动学习、泛在学习等成为在线教育的学习形态。

在线教育的优势主要体现在以下四个方面：

一是开放共享。在线教育秉承了互联网的原动力即开放性，可随时随地开展学习，并且学习环境也变得更加宽松，更能激发学习者的主动性和积极性。共享的资源，使优质的课程和技术资源不再是教育机构的专属而变成全社会共享，是在线教育最基本的优势所在。

二是随意灵活。相较于传统线下教育，在线教育灵活随意，只要有网络和智能设备，无论在任何时间和地点，学习者都能自由学习任何课程的任何章节。这种随意灵活的学习方式是在线教育最大的优势。

三是高效便利。互联网下的在线教育，知识随处可寻，获取知识的渠道变得多样，可通过电脑、手机和其他移动终端学习知识；知识传播速度惊人，可为学习者节省大量时间和费用；信息更新极快，学与教成果的实时反馈和评价，可确保知识的及时性和学习效果的提升；知识碎片化，可确保学习者灵活利用碎片时间完成某个知识点的学习，提升学习效率；远程互动交流，消除了学习者的心理障碍，可确保师生之间的互动交流更加有效。

四是全面多元。宏观上，从早期教育、基础教育、高等教育、职业教育，到政府培训、行业培训、企业培训、机构培训，再到特殊教育、终身学习，多层次、多元化的在线教育，能为建设学习型社会提供多样化服务；在线教育的海量内容，涵盖了广泛的知识领域，包罗万象，通过互联网可为全社会乃至全球的教育与文化传播提供服务。微观上，在线教育教师来源多元化、课程资源多元化、教学平台多元化、学习方式多元化、教学方式多元化、互动交流多元化、管理运营多元化，为学习者提供了更多的选择；在线教育教学平台具备追踪并记录所有教学行为的功能，利用平台的大数据分析，可以深入掌握学生的学习状态和成效，了解教师的指导服务以及监督状态，对学习资源进行分析评价，从而为优化学习体验和提高教学品质以及管理层级提供关键的参考。

（二）在线教育的不足

尽管在线教育具备众多的益处，它本质上还存在一些明显的短板。

首先，它并未实现直接的互动。在整个教学过程里，老师与学生的互动以及反馈都起着至关重要的作用。在线教育的学习者是自己在电脑和移动设备前独自进行学习，和线下的面授学习形式相比，教师与学生之间缺乏直接且即时的交流与反馈，导致教师无法即刻掌握所授课程是否适合学生、学生理解的深度以及存在的问题，这使得他们无法进行有针对性的调整，从而难以实现个别化的教学；同样，如果学生在遇到困惑时无法立即得到答复，这将对他们后续的学习产生阻碍，最终影响他们的学习效果。在线教育的主要短板就是这一步骤的缺失。

其次，需要改善学习的环境与气氛。因为在线教育的参与者大多数时间都是使用电脑或其他电子设备独自学习,所以这样的学习环境相对较为单调,并且不能像传统的课堂那样营造出浓厚的学习气氛。没有面对面的教师和同学,没有同伴一起学习,也没有教师在旁督导,主要靠学习者自身的主动性、自觉性和毅力与耐心坚持完成学习,很难保证学习者一直保持持续的、充满积极情感的学习状态,中途神游者不在少数。在线教育目前尚难以达到传统教育的学习成效。

最后,缺乏学习督导和监控。目前,在线教育学习者的在线学习缺乏教师的督导等外在的约束力量,学习者的学习活动一般没有事先计划,学习进度和学习节奏安排缺少监督,随意性较大;教师缺少对学习者学习督导的方法和手段,在学习者自主学习的活动中不能根据需要适时地给予监督、引导和帮助,影响了在线教育学习的效果与质量。

在线教育对教师、学生以及在线教育课程提出了更高的要求,由于上述在线教育的种种不足之处,学习者很可能会对在线教育产生厌烦感和枯燥感,容易感到孤独,这样其学习效果就会大打折扣,学习积极性也会因此大大下降。因此,在线教育需要高质量的课程资源和服务来保障,并且学习者只有学习主动、自制力强,才容易通过在线教育获得好的学习效果。另外,各高校已意识到在线教育的先天不足,尝试在教育平台中附加有针对性的功能来激发学习者持续学习的兴趣,但目前来看效果仍不够理想。

四、在线教育的发展趋势

(一)课程项目扩大化

到 2018 年,美国网络教育项目的参与者已经持续 14 年上升,全球范围内也呈现出相同的上升态势。尤其是在高等院校,那些倾向于接受传统的直接授课的学生的比例正逐渐下降。在非在线教育的学员里,仍然有

30%以上的学员会选修一门在线教育。随着学员人数的急剧上升，不管是在线教育课程还是在线教育项目，都呈现出一种明确的扩张性发展态势。特别在一些学术领域，例如商学，这种趋势尤为突出。一些学府，例如威斯康星大学，已经启动了以技术为核心的专门课程（competency-based programs）。职业项目的基础不再是像传统的大学教育那样，仅仅依赖于学分或者由学生自由挑选的课程来授予学位证书，而是通过对学生的能力进行评估，从而授予资历证书。在这个过程中，平台还会提供各类灵活且多样的在线课程，帮助学生全方位地提升他们的技术水平。在线教育的灵活多样能够让学习者根据自身的学习需求和学习进度来调整学习，那些通过在线教育进行自学的非传统学习者，例如已经迈入职场的人能够通过在线学习平衡学习和工作，利用工作的空闲时间来进行自我完善，进而提升个人水平。网络课程和项目的开展对于高校来说是具有显而易见的优势的，高校开展网络课程和活动能够有效提升学校的影响力，提高教师的专业教学能力以及学生的学习水平，线上教育不受时间和空间限制的特点还能够减少基础设施建设部分的费用支出，缓解学校教育资源短缺的局面，更高效地为学生传授知识，学生也能够自由选择学习内容，这能够有效激发学生的学习积极性。开设网络课程和项目对于学校尤其是高等教育学校的积极推动作用必定会使越来越多的学校开始大力推广在线教育。

（二）技术培训深入化

随着越来越多的学校开始应用在线教育，在线教育所带来的问题也越来越突出。在线教育的推广引发了在线教育的教师技能不足的问题，因此，学校为了使教师更有效地开展在线课程的设计和教学，为在线教育的教师提供全面的现代信息技术的相关培训，使他们掌握的技能能够满足线上教学的需要。开展现代信息技术培训的基本目的是帮助教师掌握技术技能和相关知识，随着现代科技的不断发展，在线教育也对教师提出了更高的技术要求，技术教育的内容也逐渐更加丰富全面。一种观点认为，对教师展开的现代技术教育要在让教师掌握各种线上教育所需的技术工具的使用以及各种技术手段的前提下使教师学会使用在线工具与其他教师进行合作沟通，在教学设计上和教学方法上与其他教师或教育技术人员展开合作，让教师之间组成一个团体开展在线教学。另一种观点认为，针对在线教学的教师所开展的技术教育最重要的目标是让教师学会在教学过程中使用与教学内容更加适配的教学方法和现代技术，让教师能够自如地根据教学内容选择适合自己和教学的技术工具。还有一些观点认为，技术教育最重要的是让教师学会在海量的网络教育资源中筛选出最适合自身教学的教育资源和信息，要让教师懂得如何运用现代科学技术满足学习者的学习需求。这些观点都是对技术教育内容的探讨，众多学者对于在线教育技术培训的探究也在很大程度上推动了在线教育的发展。

（三）教学设计专业化

随着网络教学的日益普及，有关在线教育教学设计的研究与讨论也越来越广泛和深入，对在线教育教学设计的研究早期主要是发掘在线教育设计中的重要元素，随着时代的发展，在线教育的教学设计也将焦点逐渐放在了实际的网络教学行为上。例如，许多专家已经开始研究如何创造出更加高效的在线沟通方式，为实现在线教育能够基于网络对学生群体展开研究的目标而努力。教师和专家们通过开展交流活动、角色模拟活动和建立活动支持架构的教学手段不断探索在线交流的有效方式，探寻提高在线教育教学效果的途径。

在线教育理论的不断引入也推动了在线教育的发展，例如我们上面所提到的合作理论，此外在线教育理论还包括游戏化理论、问题式学习理论、项目式学习理论以及自控式学习理论等,都为网络教学的教学活动设计提供了强大的理论依据。教师们将负责引领在线教育的课程设计,同时也将对它的真正成效展开探讨。随着对在线教育课程设计的持续探索,未来的在线教育课程设计的实施将变得更为全面且深入。同时,增强课程设计的部分,以及广泛应用教学理念,都将为在线教育在这个科技飞速发展的时代创造出全新的篇章。

第二节　在线教育的主要模式

模式是解决某一类问题的方法论,在"互联网＋"的环境中,在线教育的形式多种多样,既涵盖了课程和学习的方式,也包括了在线教育的商业和运营的方式等。

一、在线教育的主要形式

随着互联网宽带的普及,以及包括教学视频、教学游戏在内的多媒体与互动技术的发展,在线教育内容以更加多样化的形式呈现给用户,极大地丰富了其线上的学习体验。从在线教育的演变历程来看,可以看到传统的网络课程、视频公开课、慕课、微课、翻转课堂以及泛在学习等主要模式接连出现。每一种模式都有其独特性,互相补充,为各种需求的学习者提供了丰富多样的服务。

（一）网络课程

网络课程是一种新型的教学形式,它通过网络展示了某一学科的教学内容和执行的教学活动。网络课程的教学内容是基于网络教学的教学目标和教学方法组织的,这种教学形式还包括线上教学所需要的教学技术和教学工具、线上教育的教学资源以及线上课堂上开展的线上教学活动等,这些都统称为网络教学的支持环境。简而言之,网络课程就是通过某种软件在网络上进行教学的远程课程。有人认为网络课程一般是指传统课程在现代网络信息环境下的重建,但随着慕课、微课出现,网络课程的内涵得到了极大的丰富。

网络课程具有全日制教学、开放式教学、大规模资源集成、多维信息交互等功能,具有交互性、共享性、开放性、协作性、自主性、个性化和多媒体化等特征。网络课程主要应用在高等教育、职业教育、成人教育、函授教育、培训等教育领域,在教学中的应用主要有独立教学、混合教学、自主学习等方式。目前,我国的网络课程资源建设已形成了国家级、省级与校级三个层次的建设体制。网络课程教学平台一般由学校自行建设。

（二）视频公开课

视频公开课,是一种采用视频加字幕的形式,如实记录教师在现实教学环境下授课的完整教学过程,并通过网络广泛传播,与全社会共享,满足广大学习者需求的在线教育资源和模式。

视频公开课为传播先进的科学、优秀的文化、有用的技能提供了平台,此外,这也为传播现代教育观念、揭示教育教学法则、展示大学教师的前沿教学观念和技巧、推广高品质的课程资源以及服务于社会大众,创造了很好的条件。

视频公开课是全球范围内的开放共享的优质教育资源,涵盖的学科领域面非常广,课程数量十分庞大。国外的视频公开课一般为世界顶尖高校、顶尖教授的授课视频及学术讲座,如哈佛、牛津、耶鲁、麻省理工等为代表的国外名校建立了平台,在网络上提供其课堂实况录像的视频公开课。我国的视频公开课除了高校教师的授课视频外,还有面向社会公众提供科学、文化素质教育的视频公开课。

视频公开课大都是独立的课程，课程中不开展教学活动，同时视频公开课的学习也没有学分认定和证书颁发等环节，是作为一种公开网络教学资源存在的。但随着在线教育的不断发展，视频公开课在各类教育教学中也得到了应用，并以自主学习、嵌入式学习、混合式学习的模式进入教学环节。

（三）慕课

慕课（Massive Open Online Course，MOOC）其含义是大规模的在线开放课程。慕课的目标是提升知识的传递，它是一种由富有分享与合作精神的个体或团体发起的、广泛分布在网络中的大型在线教学。这些课程会让全球各地的讲师和学生以一个共享的议题或主题为纽带，经过循序渐进的教学过程使学习者获得专门知识。慕课具有完整的"学、测、评、导"教学过程，且承认学分，提供各种不同的证书。与传统教育的课程不同，慕课具有规模性、在线性和开放性。正常情况下一门较有影响力的慕课会吸引上万人参加，这种规模远不是传统教育能够相比的；慕课是完全网络化的教学方式，对于学习者而言没有任何限制，包括上课时间和上课空间，甚至学习进度都是由学习者自己确定的；慕课自出现就面向全世界开放，没有任何学习者资格限制。慕课的这些特点，使它被誉为"自印刷术发明以来教育最大的革新"，引领了在线教育对传统高等教育课堂的冲击。慕课的发展时间极短，但是目前慕课的形式已经被广泛认可。在慕课的大框架下，按照教学模式的不同，主要有 xMOOC、cMOOC 及 tMOOC 三类慕课方式。

目前，国际的三大慕课平台 Coursera、Udacity 和 edX 的开放课程，主要采用 xMOOC 模式。国内绝大部分的在线教育机构也是采用同种模式，这种模式易于为大众所接受。

（四）微课

慕课和微课都是辅助学习者学习的网络资源，两者有相通的地方，但是并不属于同一层次类型。通俗地讲，如果慕课是某个菜系，微课就是某个菜系的一个菜。微课的出现过程与慕课是一致的，两者在最初的表现形式上没有区别，随着慕课的发展，根据实际的需求，微课逐渐形成。

"微课"的定义是，通过使用视频作为主导工具，来记录和呈现针对特定知识点的教育行为。"微课"的基本元素包括课堂上的知识讲解，此外，还包括与教育目标有关的教学策略、教学软件、实践考察、学生的回应、老师的批评、教育的反思等辅助教育资料，这些都和基本元素一起形成了"微课"。"微课"的存在并非仅仅依赖于传统的教学资料，如教案、教具、教案设计以及教案反思等，然而，正是在这些基础上，结合了互联网的独特性质，一种全新的教育工具微课才得以被创建出来。

微课的影响力主要集中在基础教育、高等教育以及成人教育领域，但它与慕课的区别在于，它能够被用于比赛，而且教育部也鼓励和组织微课比赛。依据表现形式不同，微课可分为以下四种：

（1）微视频式，这是一种常见的微课方式，其特点是短小精练的视频教学资源。

（2）微网页式，通过纯文字或图片的方式展示，可以通过微信进行推广。

（3）微动漫式，利用动画的方式来呈现抽象的知识，使学习者更易于理解和接受。

（4）微解答式，专门为解答试题设计的方式，使得学习者能够反复查看。

（五）翻转课堂

翻转课堂就是对课程时长进行重新安排，把学习主导权交给学习者。

也就是说，学习者首先学习，然后老师会在课程中通过提出疑问的方式去发现学习者的学习难点，然后再进行引导。这种模式使老师不必花费大部分的课程时间去传授理论知识，而学习者则需要在课后自我学习。学习者有多种方法，如观看影片、浏览博客、浏览电子书籍，甚至可以在线和其他学生交流，并可以随时获取所需的信息。在教室里，老师可以有更多的机会与每一个学生进行互动。而在课后，学生可以独立地设定学习的主题、进度、学习的方式以及展示知识的手段；老师则利用讲解和合作的方式来满足学生的需求，推动他们的个性化学习，使学生通过实际操作获取更真实的学习体验。

这种新型的教学方式完全改变了传统课堂教学框架和过程，并且可能会带来诸如教师身份、课程设计以及管理策略的一系列改变。翻转式的学习方式，如混合式学习、探究式学习，在某种意义上存在着相似之处，目的都是使学习过程更加多样化、增强学习积极性、提高学生的学习参与度。

（六）泛在学习

泛在学习（U-learning），其核心理念是让学习变得无所不在，并且保持持续的交流。这种方法允许人们在任何地点、任何时间获取他们想要的信息。通过运用信息科技，U-learning 为学习者创造了一个可以随时使用周围可用工具进行学习的 4A（Anyone，Anytime，Anywhere，Anydevice）智能化环境。这种环境使学生们可以全面地掌握学习资料，这与他们在学校或图书馆学习，或是通过互联网获取知识的方式存在显著的不同。智能化的环境可以最大限度地优化知识的获取、保存、编写、展示、教导和创新，从而极大地增强人类的创新思维和问题处理技巧。广泛的学习目标就是打造一个可以让学生无论何时何地都可以使用任何设备进行学习的教育场所，从而达到更有效的以学生为核心的教育。在广泛的学习环境里，学生们会根据自己的需求，在各种不同的场合和方法中进行学习，也就是说，现实世界的每个角落都变成了学习的场所。

二、在线教育的运营模式

在线教育是新的教育形态，其运营模式还处在探索阶段。在线教育运行过程中存在课程怎么建、教师从何来、学分怎么互认、平台如何建设运行等很多实际问题，这些问题都是在线教育教学运行机制的重要问题。

（一）在线课程资源建设模式

在线教育课程资源是在线教育的核心，是在线教育发展的重点和难点。在线教育课程资源，一般以自建和共建共享的形式，采用新建、整合、引进的方式进行建设。

1. 国外在线课程资源建设与共享

国外的在线课程资源，主要由欧洲和北美洲的高校提供。其建设以高校为主、民间教育机构和技术公司为辅，主要采用开放课程资源联盟的方式进行，并实行资源全球免费共享。建设经费以政府拨款为主、基金和经济团体支持为辅。建设质量评价采用每年评估的方式进行，且各高校与教育机构等能够多渠道了解课程的反响和存在的问题，不断改进完善。国外各名牌高校都有自己的门户网站，有的还有自己的开放课程平台，课程资源建成后上传到网站或平台供全世界共享。国外在线课程，既有根据学科专业系统化设置的，也有慕课这类尚未系统化设置的。例如，英国的开放大学强调全面的人才培养，课程设计涵盖了学位教育、非学位教育和职业教育，开设了基础课程、跨学科的综合课程以及专业课程。尽管慕课的课程还没有完全系统化，但其建设通常遵循"高标准"的原则，强调名校和名师的影响力，追求课程的品质，以塑造品牌形象。

2. 国内在线课程资源建设与使用

我国在线课程资源建设的主体为高校与国家开放大学、互联网公司及在线教育机构。高校（含高职高专）的在线课程资源建设，以国家的精品课程、精品视频公开课和精品资源共享课、在线开放课程建设为牵引，带动在线课程的建设和发展，分校级、省级、国家级三个层次，建设形成覆盖本科、研究生、高职高专和网络教育的各学科、各专业在线课程体系。慕课出现后，一些知名大学实行自主运营模式来开发慕课课程，也就是说，大学自行设定建设准则，提供资金和技术援助，开发自己的在线教育平台，并积极激励自己的教师开发慕课课程。慕课课程建设涉及面广、投资大，单靠某个学校"独行侠"方式已不能满足建设的需要。

目前，国内高校成立了慕课联盟，推行联盟共建、学校投建、教师自建的课程资源共建机制，共享课程平台、共享内容、共享形式的课程资源共享机制，实现了在线课程的互通共享。国家开放大学，面向全社会，以全民学习和终身学习为服务目标，在线课程资源更加强调实用性和多样性。为此，国家开放大学成立了数字化学习资源中心、全国设立近 90 个分中心，统筹学历教育、非学历教育在线课程资源的建设，结合采用会员制形式建设课程资源，向全社会开放学习资源，形成"共商、共建、共管、共享、共赢"的良好局面。学历教育在线课程建设涉及 139 个专业，目前通过大规模整合原有优质学习资源与新建课程相结合的方式建设课程，不断适应新的在线教学需要。非学历教育在线课程资源，以非统设课程、西部特色课程、"三农"特色课程建设为主，让农村和西部地区享有更多优质资源，为全国各地的社区教育、老年教育提供专业服务。

互联网公司与在线教育机构，是我国在线课程及平台建设的另一支主力军。如网易、腾讯、360、新东方、学大教育等互联网巨头和老牌教育培训机构，采用引进和自建的形式，为社会贡献了上万门在线课程。此外，各类行业和企业也建设了大量的在线教育课程，并为在线课程提供了丰富的实践案例。

（二）在线教育师资保障模式

在线教育师资是在线教育的关键，是在线教育质量保证的决定性因素。在线教育师资保障，主要分为直接与非直接参与教学的师资保障。

直接参与教学师资的保障。授课教师，主要采用教育机构自有专职教师与兼职行业专家相结合的方式保障；助学教师，可采用专职教师、兼职教师与学习者相结合的方式保障；咨询人员，采用教育机构专职人员和兼职人员结合的方式保障。

非直接参与教学师资的保障。课程开发摄录制人员、教学环境技术支持人员，可采用服务外包、外包与自主结合、完全自主的方式保障。

目前，在线教育教学中的教师已由过去的课程组向课程教学团队发展，即采用课程开发团队＋学习服务团队的方式为在线教学提供保障。每个课程教学团队，一般由3～10名人员组成，除课程负责人、授课教师、助学教师、咨询人员等教学与学习支持服务人员外，还包括美工/媒体设计与制作、视频拍摄与编辑、音频采录与制作等课程开发人员，网络、在线教学设施设备和软件系统的技术支持人员。在线课程开发时，可成立一个临时性的课程开发项目组完成课程开发的工作；在线课程开发完成后，由学习服务团队完成网上教学和学习服务。

（三）在线教育学分认证模式

学分是学习者在线学习绩效的具体体现。学分认证是尊重学习者学习、激发学习动力、提升学习完成率的重要手段，也是在线教育教学管理的主要环节。在线教育中，慕课等新的课程形式还处于发展的初级阶段，学分认证与转换还没有形成一套成熟的做法，教育界还在对学分认证模式、认证课程类型、学分互认等进行探索。此外，在线学习地域分散、时间不统一，与学分认证密切相关的各类考试的组织与管理也是一个难题。

1. 国外在线教育学分认证模式

在美国，各种教育机构和组织都在努力推动在线教育的学分认证，如美国教育咨询委员会等第三方组织、慕课组织以及高校和高校联盟等高等教育机构都采取了一定措施对在线学习的课程进行评估。通过对 edX、Coursera、Udacity 等平台上的课程进行评估并将评估结果反映给其成员大学，这些在线课程平台的成员大学就能够对本校这些课程的学习者展开学分认证。美国高校正在尝试通过各种严格的考试或审核把关，让慕课学分转化为高校内部课程的学分。美国高校联盟正在推行"学习伙伴计划"，致力于几十所公立大学之间在线课程的学分认证和学分互认。Coursera 等慕课平台和组织，采用现场考试、在线考试、在线面试相结合的方式，创新身份识别和监考模式，从制度和技术等方面进一步提高慕课课程考试的可信度。英国的开放大学在线课程学分是按照学习量和学习的内容级别来设定的，根据英国一般大学所采用的学分累计标准和换算表要求按照学分制和学分互换制与其他大学互换学分。美国的在线教育课程类型十分多样，既包括大学和研究生课程，也包括向未来大学生提供的先修课程，并且这些课程的学习都是能够用学分认证的。

2. 国内在线教育学分认证模式

我国的国家开放大学采用学分银行模式，对在线学习的学分进行认定、积累和转换。学分银行是国家开放大学服务全民学习、终身学习的重要支撑。国家开放大学的学分银行是将学习者的学习成果，以学分形式存入"银行"，当学分存到一定数额，并满足某个办证机构的标准要求后，就可以将学分兑换成该机构证书的一项制度。它形成了一条学校与学校、学校与政府、学校与行业企业之间的纽带，打通了学历与非学历教育、常规与非常规教育之间的渠道。为实施学分银行制度，国家开放大学成立了专门的机构——学习成果认证中心及分中心，重点针对职业资格证书、岗位技能培训证书、学历教育证书之间的认证、积累和转换进行试点。证书形式多种多样，包括高等教育、自学考试、培训机构证书，甚至还有奖励证书、专利证书等。

我国各高校在慕课等新课程形式的影响下，创新在线学习的学分认定和管理方法，通过多种途径进行在线学习的认定，并且将在线学习、在线学习与课堂教学融为一体，进行学分认定和学分转移，研究如慕课等在线学习平台的学分与学校内部学分的互认。

目前，大学之间的学分互认已经成为最常见的在线课程学分认证方式。这种方法依赖于大学联盟或者大学教育集团，通过共享的课程平台和合作框架协议，为所有的联盟大学或者集团大学的学生提供优秀的在线课程，并且接受他们的学分。内容授权认证，就是大学通过购买非本校或第三方机构的网络课程，将这些课程整合进大学的教学体系中，设定课程的学分，让学生有自主选择的权利，只要学习成绩达标，就能获取相应的课程学分。这种内容授权认证的学分认定模式一般应用于公共课程的学分认定或者学校通识教育课程的学分认定，这些课程都属于教育范围较广的课程。混合认证学分，这种学分认定方式主要应用于混合教学模式下的学分认定，在将在线课程与面授课程结合的教学中，学生学习该课程的学分由任课教师根据教学要求和学生的学习具体情况进行学分认定。

值得注意的是，近年来越来越多的高校、行业、企业开始承认在线学习的学分。如北京大学、清华大学承认本校教师开设的慕课课程学分；武汉某学院承认"中国大学慕课"平台上的所有课程；上海交大"好大学在线"平台与 IBM 联合推出的大数据在线课程，提供课程完成电子证书和 IBM 徽章，若能获得 10 枚以上 IBM 徽章就可能得到 IBM 研究院抛来的橄榄枝。

（四）在线教育平台建设运行模式

在线教育平台是在线教育的基础，做好在线教育平台的建设运行管理，充分发挥平台的服务保障作用是十分重要的。

1. 国外在线教育平台建设运行模式

目前，国外著名的在线教育平台大多先由大学教授创立，全球高校加入，而后为适应平台的快速发展成立相应的公司/组织进行运行管理。如全世界最大的慕课平台——Coursera，2012年由斯坦福大学的两位教授创立，并在极短的时间内快速发展，以高品质课程内容提供的核心优势，吸引了世界各地上百所著名高校甚至博物馆加入，注册学习人数达几百万。之后，为应对发展需要和投资者的需要，开始成立营利性教育科技公司，负责 Coursera 平台的运行管理。Coursera 平台采用投资者和在线教育产业培育机制、高校和课程建设协作机制、服务提供商和学习支持服务创新机制，向世界各地的人们免费提供高质量的课程资源，并以学历认证、收费考试、职业服务、信息服务等作为利益增长点。

技术方面，Coursera 平台建立了包含交互性视频短片录制系统、智能化作业系统、网上讨论系统等在内的学习服务管理系统，并对合作学校的教师开放；设计了同学互评机制、建立了互评系统，教师根据课程特点建立作业评价指标，学习者在规定时间内提交作业，与其他学习者完成作业互评；建立了讨论区，学习者、教师可以在该区提问、发言、解答/相互解答问题。

英国开放大学的 Futurelearn 平台，由下属公司建设运行管理。该平台 2013 年 9 月上线，联合了 20 多所英国一流大学和英国国家图书馆、博物馆、文化协会等，进一步推进了英国高等教育的网络化和国际化发展。Futurelearn 平台建设时，借鉴了美国经验，并凭借开放大学多年来积累的丰富教育技术和教学管理经验，建立了具有自己特色的平台，更加强调社交功能和终端可移动性。

可汗学院是独具特色的在线教育平台，该平台由麻省理工学院可汗老师个人创建和营运，课程基本上是可汗老师个人采用电子黑板授课的视频，没有精良的画面，但十分受欢迎。

2. 国内在线教育平台建设运行模式

我国在线教育平台借鉴国际先进经验，坚持以公益性服务为基础，坚持立足自主、应用共享、规范管理的原则，聚集优势力量和优质资源，采用高校为主体、政府支持、社会参与的方式，统筹建设在线开放课程和提供公共服务。国内在线教育平台主要分为政府主导建设、高校自主建设、教育机构建设、互联网企业建设几类，基本采用"谁建设、谁运行"的方式运营管理。

政府主导建设，如"爱课程"平台由高等教育出版社与网易公司共同建设，高等教育出版社负责平台的运行、维护与管理，承接教育部精品开放课程服务，为全社会提供免费的优质高等教育课程资源。

高校自主建设，如"学堂在线"平台，是由清华大学在 edX 平台基础上构建的本土化在线教育平台，后成立清华大学控股的北京慕华信息科技有限公司，负责平台的运行和管理。"好大学在线"平台，是由上海交通大学牵头并负责运营和管理，由清华大学、北京大学、南京大学、中国科学技术大学、复旦大学、浙江大学、哈尔滨工业大学、西安交通大学等众多 985 高校联合建设的线上教育平台。"国家开放大学"学习平台，是由国家开放大学自主建设和管理，采用大学、行业、企业、城市支持联盟的方式运行。还有"梦课"平台，是军事综合信息网上的在线学习服务平台，是由国防科技大学在 edX 平台基础上构建的，由依托国防科技大学组建的军事职业教育技术服务中心进行管理和运行维护。

教育培训机构建设，如"新东方"在线平台，是由老牌综合教育培训机构新东方集团建立和管理，依托新东方强大的师资力量与教学资源运行。

互联网企业建设，如"腾讯课堂"平台、"网易云课堂"平台，分别由腾讯公司、网易公司建设、管理和运行。

（五）在线教育的商业模式

商业模式是在线教育领域发展最充分，也是最成功的模式。充分认识在线教育的商业模式，有利于在线教育的健康发展。简单地说，商业模式就是通过什么途径和方式赚钱。作为"互联网＋"的产物，在线教育的商业模式可分为：B2B 型、B2C 型、C2B 型、C2C 型、B2B2C 型和其他模式。

1. B2B 型在线教育模式

B2B 型在线教育模式是指在线教育行业中，企业与企业之间的商业模式。

B2B 型在线教育模式，主要为在线教育企业/机构向政府、学校、企业、团体提供在线教育服务的模式。如在线企业大学，是在线教育机构将研发的课程、平台和服务提供给企业客户，企业客户利用课程、平台或服务，建立在线教育体系进行教学和培训；在线教育机构、企业客户对学费、课程收益进行分成。互联网企业为教育培训机构提供在线教育广告和增值服务，也属 B2B 型模式。如百度、阿里巴巴、腾讯、360、网易、新浪、搜狐等门户网站，拥有巨大的用户量，花钱购买搜索引擎关键词、门户流量和浏览信息，并将门户网站的部分用户转化为教育培训机构的付费用户，对教育培训机构来说是十分有益的一种方式，这种模式已经成为教育培训行业的通行模式。此外，教育培训机构对付费用户的收费非常高，从人均数百元到数千元不等，因此巨大的回报是互联网企业重视教育行业、愿意投入巨大资金的重要原因。

2. B2C 型在线教育模式

B2C 型在线教育模式是一种通过线上教育平台提供的付费教育资源和学习内容开展线上学习的模式,学习者通过在线教育企业或机构建设的互联网在线学习平台付费学习,线上支付以及获取学习服务都基于线上教育平台来完成。

B2C 模式一般面向技能培训、语言培训、基础教育等,因为具有海量的用户数,上亿的市场容量,所以容易吸引大量资金投入。该模式投资周期短、投入小、目的性强,学习者付费的可能性大,因此成为目前商业化程度最高的模式。采用 B2C 模式的企业和平台很多,如沪江网、爱考拉、学而思在线、51Talk、VIPABC 等。随着互联网免费思维的广泛传播,越来越多的在线教育项目通过免费服务来获取大量用户。因此,B2C 模式在线教育向个人用户收费越来越困难、盈利也变得越来越难。

3. C2B 型在线教育模式

C2B 型在线教育模式是一种定制化的个性在线服务模式,是互联网经济时代产生的一种新型的在线教育商业模式,这种教学模式需要在线教育平台及时了解学习者的学习需求和服务需求,再针对平台使用者的需求提供相应的教学内容、教学资源和教学服务。

C2B 型在线教育模式存在一种消费者对企业的关系,先有消费者需求而后有企业生产,即先有消费者提出需求,后有生产企业按需求组织生产。目前,这种定制模式存在很大的随意性,但是从学习者角度而言,这种模式应该是未来的发展趋势之一。

C2B 型在线教育模式,主要有以下 3 种形式:

(1) 定制服务形式。在线教育机构通过各种方式,全面地了解学习者的整体要求,同时通过平台中学习者的信息了解到每位学习者的需求,从而提供个性化定制的教学服务。

（2）"一对一"服务形式。教育行业早就存在的"一对一"服务，主要集中在外语学习领域。C2B 模式会促进在线"一对一"模式的形成和发展，同时与线下的"一对一"服务形成完整的学习环。对于学习者而言，他们就能够更容易地通过网络学习到想要的知识。

（3）随时调整形式。C2B 型在线教育模式，具有很强的可调控性，无论是线上教育还是线下教育的课程都采取预售的模式，学习者只能了解课程的大概内容，无法了解课程的详细内容，这就方便平台管理者根据实际情况随时进行调整。

4. C2C 型在线教育模式

C2C 型在线教育模式是指个人对个人的一种关系，同样属于互联网经济时代的商业模式。

可汗学院和多贝网都属于 C2C 型在线教育模式。其中，可汗学院对整个在线教育行业影响相当大。这类教育网站的规模很容易扩大，但提供的资源和服务有限。除了可汗学院这样的个人 C2C 型平台外，目前也有机构提供 C2C 型平台供教师和学习者选择，其特征是在线教育机构搭建在线教学和交易平台，绕开传统的教育培训机构，使教师和学习者可以直接通过网络平台进行教学与学习，平台只收取一定的手续费。这种模式使从事在线教育教师的收入水平远超传统培训机构教师。还有一种就是 B2C 与 C2C 相结合，个人提供一部分优质的内容，放在平台中，让这部分内容带动 C2C 内容收费。C2C 型在线教育模式主要是个人对个人，在发展前景上有限。纯平台 C2C 型教育网站，如果没有足够的高质量教育资源，那么愿意付费用户就会比较少，因此短期内不可能形成商业规模。

5. B2B2C 型在线教育模式

B2B2C 型在线教育模式是在线教育的主流模式，通过机构合作、教师与个人入驻的形式，向学习者提供在线学习资源。目前，较有影响力的

B2B2C 型平台，有网易云课堂、腾讯教育、YY 教育、51CTO 等。

6. 其他在线教育模式

除了以上 5 种明确的商业模式之外，国内的在线教育市场还存在一些其他的商业模式，如慕课模式、O2O 模式，以及 B2C 与 C2C 等不同模式的融合。慕课模式是机构建立平台和优质课程资源，学习者免费学习、付费获取证书。慕课模式的盈利主要来自学习者的付费和组织/个人的资助等。O2O 模式是原传统教育培训机构开展在线教育，或者原在线教育机构开展线下业务等，其盈利模式尚未定型。在线教育机构的发展离不开融资，各种商业模式中 B2C 型的融资环境最为成熟，C2C 型则是刚刚起步。对于初创企业而言，如果要进入在线教育领域，需要确定自身的商业模式类型，才能够持续发展。

第三节　在线教育的教学设计

在线教育的教学设计与课程开发，是在线教育预先准备阶段的核心工作，关系到在线教育的最终效果。行之有效而富有独创性的教学设计与课程开发，能够极大地激发学习者的学习情绪，满足他们的学习欲求，从而有效提高教学质量和效益。与传统教育相比，在线教育无论是教育对象、教育目的、教育方式，还是教育资源、教育环境、师生体验，均有所不同。尤其是从设计开发的角度看，在线教育教学设计与课程开发的主体由原来的教师这一单一主体转变为教师和教学平台设计者这两大主体，再加上教育对象的模糊性、教学手段的多样性等特点，故在线教育教学设计与课程开发的复杂程度大大超出了单一主体的教学设计与课程开发。因此，研究在线教育教学设计与课程开发，不仅具有理论意义，同时也具有现实意义。

教学设计，就是在特定的教育理念和学习理念的引领下，采用系统化的策略来规划教学目标、教学内容、教学执行以及教学环境的过程，它的含义极为丰富。

教学设计的主要工作包括：以提高人才培养质量为目标，通过综合分析教学系统和学习者需要，确立教学目标和教学起点，优选和加工教学内容，科学规划教学各个环节，合理分配教学力量，制定和编写教学方案，设计教学内容呈现方式和教学互动方法，规划落实教学所需条件，进行试讲试教试用等，以期取得最佳教学效果。

传统的教学设计一般分为学科专业设计、课程教学设计、课堂教学设计三个层次。在线教育教学设计，不但包括宏观层面的设计，即对在线教育系统的整体设计，还包括微观层面的设计，如课程、专题以及教学片段（单元、知识点）的设计，以及在线教育实施后的评价设计等，因此，它贯穿于在线教育设计、开发、实施、评价等各阶段。优化教学设计是搞好在线教育教学工作的重要内容，也是提高在线教育人才培养质量的重要保证。

一、在线教育教学设计的理论基础

对于如何开展教学设计，理论界已形成了一些理论模型。其中最基本的理论模型是 ADDIE 模型。以 ADDIE 模型为基础，人们还创造了 SAM 模型、ISD 模型、HPT 模型等基本模型。这些模型，对于在线教育教学设计，也具有较强的参考意义。下面重点介绍 ADDIE 模型和 SAM 模型。

（一）ADDIE 模型

ADDIE 模型的全称，是 Analysis（分析）、Design（设计）、Development（开发）、Implementation（实施）、Evaluation（评估）的组合。

当前，大多数的教育设计模型均为其副产品或由之变化而来。ADDIE教学法是指一种包含制定学习目标、运用学习策略以及进行学习评价的教学方法，即包括学习者要学习的内容、学习的方式以及对学习者学习效果的评估等部分，这套系统的教学方法包含的五个阶段即分析、设计、开发、实施和评估。其中，分析和设计是教学的前提，开发和实施是教学的重点，评估则是最终的保障，这五个阶段是相辅相成、相互联系的。

ADDIE模型各构成要素含义如下：

Analysis（分析）：是一种针对教育任务、目标、环境以及预期的行为和表现目标等进行的全面评估。其主要内容包括：明确需求，也就是通过教育来处理的问题；通过教育分析来明确教育课程在认知、情绪和动作技巧上的目标；明确希望学生掌握的技能，以及哪些技能会对教育课程的学习产生影响（起始技能和动机特性）；评估可用的时间，并计算在此期间内能够达成多少目标。此外，也能够对环境或资源进行分析（包括资源和限制条件）。

Design（设计）：针对即将展开的教学活动展开课程计划的制订。根据学习者的学习需求和实际学习情况选择适合的知识资源和技巧，并对选择的教学内容和技巧进行分类筛选和处理，最大限度地满足学生的学习需求。在这一阶段，教师要对设计的教学目标和学生学习目标进行评估，对于学生的学习效果也要制定相应的评估手段，使学习者的学习能够得到有效的保障，通过各种教学活动加深学生对学习内容的理解和记忆。具体包括：将课程目标变为可视化的效果和核心目标（即单元目标）；明确包含的教育主题或者单元，并规划在这些主题或者单元中使用的时长；根据课程目标来设置单元的次序；扩展教育单位，明确每个单位需要实现的核心目标；设置每个单位的内容和学习行为；制定对已经掌握知识进行评估的明确规则。

Development（开发）：针对已经制定的课程结构和评估方法等，进行相关的课程内容编写、网页设计和测试等工作。具体内容包括：确定学习活动和材料种类；编写学习材料或学习活动；在目标学习者中试用材料和活动；修正和精简生产材料和活动；开发教师培训或附加材料。

Implementation（实施）：执行已经制定的课程，并且提供执行的援助。详细内容有：购置资源，方便老师和学生使用；在有需求的情况下，提供协助和援手；根据预定的计划执行讲解和教育管理等任务。

Evaluation（评估）：对已实施的教育项目和学生的学习表现作出评价。这一阶段不仅仅是要对课程的教学内容进行评价，还要针对教学效果和学生的学习效果找到教学中的问题和不足，并积极采取措施加以解决和完善。具体内容包括：执行学习者评估计划；执行教学评估计划；执行课程的维护和修改计划。

不难看出，ADDIE 模型融合了教学设计和教学实施（当然也包括课程开发）全部环节。需求确认阶段，在课程开发目标的确认上，ADDIE 强调"知道"，更多的是信息的传递。在需求确认上，ADDIE 在需求分析阶段运用问卷、访谈、电话等形式去了解对象、组织、课程的各方面需求，由课程开发人员汇总提炼并设计课程开发方案，这种形式需要长期进行，要求课程开发者具有极高的专业度和归纳总结能力。同时，ADDIE 强调"确认需求"，不同的角色站在不同的角度会表达出不同的需求，需要采用专家开发技术对其需求进行确认。设计开发阶段，在开发流程上，ADDIE 必须逐步进行，本质上更加注重系统、严谨、逻辑、翔实、周全；在开发思路上，ADDIE 在内容设计上的思想是"加法"，课程需要做大量前置内容的设计，包括概念、原理、流程、案例、工具、练习等。对于成果评估，ADDIE 专门有一个环节在最后验收评估，即评估阶段（Evaluation）。成果评估的重点应放在课程内容的知识、技能和态度上。

ADDIE 模型在实际应用中也存在很多的问题。如由于开发流程烦琐、耗费时间较长,等到工作完成时,外部环境条件可能都已发生了巨大变化;通常,开发的课程内容相对丰富,但是开发者一般对于学习者的实际学习需求和使用平台的体验感受并不了解,教师在使用这个模型展开课程设计和教学的过程中经常会出现"擅长开发的人对专业知识一窍不通,而懂得专业知识的人却并不了解开发技术"的困扰,这导致了课程的质量通常不够理想。为了处理这一系列的难题,我们在 ADDIE 的框架内创建了许多模型,其中使用最普遍的是 SAM 敏捷迭代模型。

（二）SAM 敏捷迭代模型

SAM 模型,也被称作持续性逼近开发模型或者敏捷迭代模型,是 ADDIE 衍生模型中使用最广的一种。它主张将课程分解成小块进行开发,以便在课程设计的初期就能迅速收集到用户的反馈,并且能够尽可能地接近最优的课程设计标准。

SAM 模型的特征表现为多次迭代,具备较高的操作灵活性。如果 SAM 模型在后续步骤中出现错误或未能达到预期效果,它能够直接回到前一步的设计阶段进行再次的迭代检验。而从复杂性来看,SAM 模型仅包含 3 个阶段和 8 个步骤,更为简单和易用。在需求确定的过程中,SAM 主张"达成"与"优化"的开发目标,并且更加重视解决实际问题。SAM 在确认需求时,采用的是召开认知启动会的方式。认知启动小组一般包括项目的设计者和样图设计师、预算控制者、内容设计专家、绩效管理人员以及学习者和参与培训的学员。通过实地面谈的方式解决课程结构和内容构建过程中出现的问题以及潜在的问题,既高效地利用了时间,又满足了各个方面的需求。

在确认方式上,SAM 在这个阶段运用的是样图技术和团队开发技术,需求调研包括需求、目标、草图、开发计划,由技术专家、学习者、管理者共同开发。团队开发技术使课程开发的风险更低、流程更简单、结果更有效。在课程的研发过程中，SAM 技术被视为最优的循环迭代方法，它的核心理念是快速、反复、简洁和高效。

在设计和开发的过程中，SAM 的理念是"减法"，即尽可能地减少工作流程，直接处理实际的工作难题。在成果评估的环节，SAM 从一开始就进行了多次的迭代和评估，从宽泛的、概括的方式到首次的标准化设计，不停地调整课程成果，这减少了在成果交付时的评估任务。

从评估内容来看，SAM 的成果评估重点不是内容元素或互动细节的完整性，而更关注活动是否有效。在开发时间上，SAM 仅用一到两周便能很快适应市场变化的需要。

SAM 的敏捷迭代课程开发技术在学习体验方面，特别重视学生的感受。这一模型注重使线上课程模拟现实的教学环境，在教学设计阶段将真实的环境融入，以此提升学生的平台使用体验，帮助学生更加有效地提高学习效率。此外该模型还使用了分解技术，通过多次的角色重塑以及交叉重塑的策略来提炼和积累经验，从而有效地提升了课程的质量。

二、在线教育教学设计的基本原则

原则是行事所依据的准则。在线教育教学设计，需要遵循教学设计的一般性原则，同时还要结合在线教育教学的自身特点，遵循针对性原则。

（一）系统性原则

教学设计是一个系统化的过程，这一系统工程是由相互独立、相互制约和相互依赖的子系统构成的，这些子系统包括教学目标的制定和解析、教学内容、教学方法以及最终的教学评估等，教学目标在其中起着引导的作用，其他各个子系统都发挥着不同的作用，各个子系统共同构成了一个完整、复杂的工程系统。同时，教学设计应以整体为基础，每个子系统都应与整个教学系统保持协调，实现整体与部分的有机结合，最终实现教学系统的全面优化。

（二）程序性原则

教学设计是一个系统性的项目，各个子系统的组合具有程序化的特征，也就是说，各个子系统按照等级结构进行排列，并且前一个子系统对后一个子系统产生影响，而后一个子系统又依赖并限制着前一个子系统。依据教学设计的流程特性，应在其中突出其流程的规则性和关联性，以保证教学设计的科学性。

（三）可行性原则

为了让教学设计变为现实，必须满足两个关键的条件。首先，它需要满足主观和客观的条件。主观条件应该包括学习者的年龄特性、已有的知识储备以及教师的能力水平。如考虑选择这门课程的多数学习者是否具有网上学习的习惯与可能，是否能够熟练操作计算机，教师是否具有较高的信息技术水平等。客观条件应考虑教学设备、地区差异等因素。如考虑学习者所在地的网络带宽能否支持视频文件的流畅播放等。其次是具有可操作性。教学设计提出的目标、思路、原则、步骤、方法等不应该是空头理论或抽象描述，而应该具体、符合实际，能够指导在线教育课程开发、教学实施和评价等实践活动。

（四）反馈性原则

教学设计科学与否，要通过教学评价来反馈和证明。在线教育的教学设计受到反馈信息的关键影响。根据信息工程的理论，只有利用反馈信息来调整行为，教学才能实现预期的目标。通过收集教学评估的反馈，网络教育的设计者和教师可以清楚地知道教学目标的完成情况，理解自己的设计理念、教学手段以及教学执行过程中的缺陷，并能识别出学生在学习过程中遇到的问题和挑战，这将为优化教学设计提供参考。

（五）针对性原则

在在线教育教学设计中，"学习者为中心"是一个不可动摇的理念。以微课为例，微课通过视频作为媒介，利用网络作为传播手段，是一种供学习者自我观察和自我学习的数字化教育资源。

大致上，在线课程的用途可以被划分为三个主要类别：首先，它是传统课堂教学的补充，供学生在课后复习，弥补知识漏洞；其次，它能够向学生传授新知识；最后，它能够满足学习者的学习需求，帮助学生实现个性化学习。这三种用途都是基于以下几点要求实现的：第一，在线课程是在课下使用的课程资源，课上不适合使用在线课程；第二，学生是在线课程的目标群体，学生是在线课程教学的主体；第三，学生通常在家中或宿舍使用在线课程资源。在线课程的一大特点就是教师无法强制学生观看视频或限制其观看的时间，要想使学生实现自主学习、充分利用网络资源，就要保证线上课程的趣味性和实用性，既要保证学生学到有用的知识，又要保持学生学习的积极性和主动性，不能满足这两个基本要求的线上课程是不能达到预期的教学效果的。因此教师在设计线上教学课程时，必须重点考虑学生的需求，将学生视为教学的中心，这样才能使线上课程最大限度地满足学生的实际学习需求，降低线上课程的闲置率，提高在线教育的教学效果，在这里，"以学生为中心"要注意以下几个方面。

1. 在视听传播的设计上，要站在学生的角度制作媒体

由于受到传统教育方法的限制，许多教师在开发在线教育课程时，常常从自身角度看问题，而不是从学生的角度、从学生的实际需求出发，对于学生要学习的内容、要掌握的知识以及学生的学习需求和课堂体验一概置之不理，只按照习惯的方式思考问题。首先，我们要意识到，学生通过

在线教育获取的是知识和技能，学生对教学的过程和步骤不必了解得那么清楚，因此在线上课堂上教师应该略过某些非教学因素，例如小组讨论和课堂提问等一般课堂的课上活动和教师的形象等元素都可以忽视。其次，在线教育并非仅仅是课堂视频的简化版，也并非一般所说的大型讲座或者模拟课。所以，在线教育并不必要大量地呈现教学流程，反倒应该主要呈现教学内容。最后，需要掌握如何从学生的角度去接收图像和声音信息。例如，拍摄的照片必须方便学生进行观察、模拟和学习，如在拍摄动作技巧、实验操作、乐器演奏、手工步骤等主题的照片时要采用俯拍或侧拍等学生便于观察的角度，在展示图像时，应该主要展示学习主题，而非整个教学过程。同样，在线教育的声音应该使学生能够清晰地听到，感到舒适，并且需要注意背景音乐的可调节性。

2. 在教学思路的设计上，要根据学生的思路展开教学

一门优秀的网络教育课程需要与学习者的独特性相契合，教师在构建教学内容时也要参考学习者解决问题的方式来进行。例如，在设计教学思路时可以使用问题解答法。网络教育课程可以按照学习者解决问题的思维方式和逻辑将教学内容分为各种小的问题，基于学习者在学习过程中遇到的问题和困扰以及学习者的兴趣爱好逐步引导学习者深入学习。此外，根据学生的思路展开教学的设计方法还包括概括、逻辑推理、实例分析、关联比较等。总之，这一原则就要求教师站在学习者的角度看问题，根据学习者思考问题的方式来设计教学内容的知识排列方式，要落实"以学生为中心"，设计出真正符合学习者学习需求的教学内容。

3. 在心理感受上，要有面对面辅导的亲切自然感

在线教育课程既不等同于传统的课堂讲解，也不仅仅是对课堂讲解的简单复制，而是一种可以实现"一对一"定制化教学的资料与设备，这正是在线教育课程与众多教学资料的主要差异之一。例如，可汗学院的在线

教育课程能够得到大众的喜爱，主要是因为它的教学资源管理与展示方式十分便捷，只需要一块手写板。在线教育课程的魅力源自老师对教材的精准掌控，老师富有人文关怀的细致阐述，还有通过语言信号表达的亲切度和影响力。

目前，许多教师在创建在线教育课程时，往往会忽略心理感受的问题。这主要表现为：他们在录制在线教育课程时，声音会不自觉地发生变化，他们仍然像在集体课、公开课、示范课上那样说话，没有根据环境调整感觉的意识，这样就造成了声音像发表会议感言和念播音稿一样呆板生硬、缺乏感情。有些教师对于面对电脑授课感到不适应，无法体验到与人交谈的乐趣，因此他们无法像在平常的授课中那样保持和谐稳定的节奏和亲切自然地发言。在线教育课程与传统的面授团体教学不同，在线教育课程是学习者独自使用并且可能要进行多次观看的，教师应营造出一种与学生一对一交流的感觉，这样才能使学习者感受到一种面对面授课的亲切感，使教师与学习者之间的联系更加紧密，提升在线教育课程的影响力。在线教育课程的真实性，就是以学生为核心，能展示出教师如同亲自在学生面前进行讲解的生动效果。只有当这种情绪基础建立起来，在线教育课程才能真正获得成功。

三、在线教育教学设计的基本流程

与传统的教学设计一样，在线教育教学设计也需要科学的流程。参照 ADDIE 模型和 SAM 模型，结合在线教育自身特点，这里将在线教育教学设计的流程归纳为七步。

（一）确立指导思想和理论依据

在这个阶段，需要完成的任务包括：一是根据培养计划和课程标准的要求，阐述适合本课程特性的教学指导理念；二是根据心理学和教育学的相关观点以及相关理论，提出设计方案。本环节是进行教学设计的第一步，是指导整个教学设计走向的顶层设计，做好了能起到事半功倍的作用。

（二）分析教学对象

在这个阶段，需要进行的任务是：运用适当的工具和方法，对学习者在开始学习之前的初始行为进行研究，以确定他们的准备状态。教学的起始阶段通常基于学生的现有能力，过高或过低的起始阶段都无法产生理想的教学成果。在教学设计的过程中，对学生的分析常常与对教材内容的分析相互交织。学习者现有水平和能力是在线教育教学对象分析环节需要考虑的首要问题。

（三）制定教学目标

在这个阶段，需要完成的任务是：教师要以消除学生已有的学习模式与理想的学习模式之间的差异为依据制定教学目标，将学生应该达到的学习水平阐述清楚。教学目标有大目标和小目标之分。大目标是整个课程或体系的教学目标，小目标是课程中的单元或知识点的教学目标。这主要是考虑到在线学习者完成整个课程体系学习的完成率通常较低，因此，不仅要考虑整个课程或体系的教学目标，还要考虑单元或知识点的小目标。

（四）设计教学内容

这个环节要做的工作是：在恰当的教学对象分析基础上，依据教学目标，将教材中的知识内容和知识结构进行再选择、再组织、再加工，如通过梳理形成知识点，通过筛选形成知识点的支撑资源，通过精心设计形成对应的试题库，等等。这一过程也称为激活和活化。通过激活和活化，教材中的"死"的知识就变成了在线教育平台上生动的、活泼的知识。

（五）确定教学方式与呈现模式

这个环节要做的工作是：依据学生的当前预备状况、需要完成的教育任务以及期望实现的教育目标等因素，全面且系统地挑选教育手段和展示方式，合理地设定教育组织模式和流程，规划课堂教育架构，制订出高效的教学计划。由于在线教育自身的特点，呈现模式的选择成为一项必不可少的流程。包括教学内容在内的在线教育资源的呈现模式有慕课、微课、网络课程、视频公开课、翻转学习、泛在学习等，选择哪一种呈现模式，应充分考虑教学内容、学习者特点、技术手段等诸多因素后确定。

（六）明确学习评价策略

在这个环节中，教师要针对教学计划的有效性和教学目标的完成情况展开学习评价，如何开展学习评价，也需要在教学设计阶段加以明确。教师在这一环节中需要做到：在教学过程中或教学完成后对教学效果和学生的学习效果进行考核评估，评估的方式和策略应根据教学目标来选择。在教学过程中的评估是形成性评估，其目标是检查教学计划在执行过程中的效果，如果出现问题，就需要立即调整和增补教学计划；此外，总结性评估指的就是教学过程结束后进行的整体性评估，这种评估方式是对学习者一个阶段的学习成果展开的全面评估，也是对教师在一个阶段中的教学作出的评价。鉴于在线教育的广泛应用，其主要的评估方式应是在线学习评价。

（七）编写教学设计方案

编写教学设计方案是教师开展在线教学的基础工作，教学设计方案实际上就是将教学设计用文字表述出来的一份包含各种网络教学资源的清单。从确立指导思想和理论依据、实施教学对象分析、制定教学目标、设计教学内容、确立适用的教学方式并选择恰当的教学媒体，到明确学习评价策略和编写教学设计方案，这七个在线教育教学设计环节，体现了宏观到微观、抽象到具体、开始到结束的全过程、全要素，形成了一个闭环，这是在线教育教学设计需要遵循的基本流程。七个基本环节内容繁多、关系复杂，作为在线教育教学设计者，必须认真把握住每一个关键环节的核心内容，才能真正设计出科学合理的在线教育课程体系。

第四节　在线教育的课程开发

课程开发，指的就是首先分析教育对象的学习需求，再针对这些需求设计课程目标、教学内容以及教学活动，最后对预设的课程安排进行评价，根据评价结果不断完善教学课程设计，以满足教学的需求，实现整体的教学目标。教学设计的基础和导向就是课程开发，它不仅是教学设计的具体实现，同时也构成了教学设计的关键环节。

教学设计与课程开发具有系列区别：教学设计的核心在于构建全局目标（包含专业目标、课程、专题、知识点目标），课程开发是根据教育设计的指导和需求进行教案、课件等的创建；教学设计的步骤就像构建"建筑蓝图"一样，而课程开发则是根据"蓝图"搭建"大楼"的过程。教育设计的焦点是外部刺激对学生注意力的影响，并安排好教学顺序，课程开发主要关注大脑对所接收的信息的处理和加工的过程。重点在于如何建立知识体系；教学设计的主要职责包括制作专业/课程（系统）的视觉效果图以及人才培育的总体方针、课程（主题、知识点）的教育指南，而课程的开发过程包括制订详细的教案、教师指南、学生指南等。教育设计的常见职责包括确立课后的活动目标，根据学习的困难性、知识的独特性以及学生的学习模式来安排适当的教育次序,接着根据学生的注意力曲线模式以及课程设计的准则来安排教育次序。最后,需要画出课程的方向,编排出教学大纲。在课程开发中,主要工作包括创建教学活动、规划认知流程、创建学习资源和评估资源。

总之,教学设计具有方向性和标准性,而课程开发是一个执行与实现的过程,教学设计和课程开发对整个教学质量都具有直接影响。

下面针对在线教育课程开发的核心环节进行具体分析。

一、在线教育课程开发的主要环节

(一)梳理课程知识

教学内容是在线教育的根本,有相当一部分设计制作工作都是围绕着教学内容展开的。内容选择是否合适,对在线教育的最终效果起到至关重要的作用。因此,如何选择并确定在线课程和专题需要讲解的内容,是在线教育课程开发者需要首先考虑的问题。

在线教育课程和专题的梳理,需要发挥教学团队的作用,同时选择合适的工具。在线教育课程和专题的教学内容一般是以知识点或单元的形式组织的。知识点的分析是一项复杂的、耗时的、精细的工作,令许多人望而却步。目前社会上已经有了专门针对这一工作的软件工具,称为知识可视化分析工具。可视化分析工具可以对知识进行有效的管理,使知识点间的逻辑关系更加清晰,因此在教学内容梳理过程中常常使用可视化分析工具来进行分析。在线教育课程教学内容设计中最常用的可视化分析工具主要是概念图和思维导图,常用的工具软件有:MindPin、Inspiration、Xmind、MindMapper 等。对在线教育课题体系和专题的整理,其最理想的目标是实现"精""简"和"趣"。这不仅要求将学科专业和课程的系统性和全面性体现出来,还要求不能直截了当地将线下的授课内容和教学体系照搬到线上课程中;要在保留传统线下授课良好教学习惯的前提下积极吸收现代教育领域的最新技术和手段以及最新发展的科学技术;要在保证教学内容的实用性和知识性的同时提高教学内容的趣味性,以学生的日常生活为素材设置教学活动,激发学生的学习主动性和积极性。

（二）选择教学内容

梳理课程专题的过程,实际上也是选择教学内容的过程。在线教育课程教学内容的选择实质上就是选题。就像农夫选择种子一样,优质的种子配合适当的耕作可以获得丰收,但如果选择了先天不足的种子,效果就会大打折扣,难以达到预期的效果。特别需要强调的是,在选择线上教学课程的教学内容时,要与传统的线下授课的教学内容选择有所区分,线上教育课程不是线下课程的简单复制与分割,并且不是所有的课程都适合采用线上教育课程的方式在网络上进行展示。

在选择在线教育教学内容时要遵循以下原则:

（1）知识点是热门的考点、教学重点和教学难点。

（2）教学内容是学习者需要的。

（3）教学内容不能太复杂,在有限时间内要能够清晰完整地讲解出来。

（4）在挑选教学内容时,应当仔细考虑,通常每次教学仅会教授一个或两个相关的知识。

（5）对于知识点的理解必须精确无误,不能有任何错误或误导性的阐述。

（6）内容通常具备一定的独立性和完整性。

（7）除了知识点以外,教师还可以选择典型的专题活动、实验活动等进行授课设计。

　　归纳起来，在线教育课程教学内容的选择要从以下三方面考虑：首先，我们需要考虑其应用价值。在网络教育平台上发布的线上教育课程不能直接照搬传统的知识体系和教学内容，而是应该参考人才培养计划和预设的知识结构，总结并筛选出关键的知识点，并通过这种由点及面的方法来实现知识的系统化展示。同时，我们在编写线上课程的教学内容时也应该选取具有较高实用价值的主题，收集具有实用性的教学案例。例如教师选择教学内容主题可以基于学生在日常学习过程中遇到的困难和不理解的问题、核心知识内容、学生在学习中容易出现错误的知识点、学生群体中存在的共性问题以及当今的社会焦点问题等。

　　其次是知识的传递性。在线教育课程通过视频的形式传递知识，视频是一种将图像动态、连贯地进行展示的呈现形式，具有图像和声音两种信息传递途径，因此要充分利用线上教育课程的优点和特性，就要在教学内容的选择上下功夫，要选择与视频这种信息传递形式相符合的教学内容，最为适合的就是具有"动态性"特点的知识以及某些在教学过程中需要大量的图像和声音作为参考的主题，例如：地理环境、拍摄照片、广告创意、艺术鉴赏、语言训练、乐器演奏等，利用视频进行这些主题的在线教学就极其适宜。

　　最后是关联程度。在线教育课程通常是一种相对完备且独立的零散式教学资源，其时长通常不会超过 10 分钟。如今生活节奏越来越快，超出 6 分钟视频的受欢迎度正在逐渐下降。因此，在线教育课程的主题应该较为简洁，内容应该较为有限并且相对独立。在挑选主题时，我们可以从一个单独的小议题出发，深入浅出地阐述内容。另外，一门在线教育课程的教学目标不应过于庞大，通常只需要设置一两个目标。设置的目标要明确、便于实施和评估，避免设定过于抽象、庞大且无意义的目标。对于包含大量信息的教学主题，可以通过拆分，逐个创建，最终构建出一套完整的在线教育课程。

（三）确定教学策略

为了正确地选择教学方法，我们必须首先理解在线教育的特点。主要包括以下几点：第一，从教育资源的特性来看，学生通过在线课程展开学习实际上还是间接的学习，学生观看线上教学视频实际上是获得了一种间接的体验，学生学习知识就是对这些体验的吸收；第二，从学习者的学习方式来看，学生通过在线教育课程进行学习能够自由选择学习的内容和进度，学生能够根据自身的需求展开自主学习，在线课程拥有海量的教学资源，学生可以随时随地选择任何想要学习的课程资源进行学习；第三，从信息的传递方面来看，在线教育课程传递知识的方式是单向的，学生观看教学视频是单方面地接受知识，这与传统的线下授课中教师与学生能够即时交流和互动不同，线上课程缺乏师生之间的交互性，学生处于被动学习地位；第四，从在线教育的特色来看，在线教育能够打破时间和空间的限制，学习者能够随时随地展开学习，在线教育课程中教师也能够应用更丰富的教学模式，如协作式学习、探究式学习和体验式学习等基本教学模式，这些学习方式并存且各有特色。表1-4-1所示为在线课程与线下课程的区别。

表 1-4-1　在线课程与线下课程的区别

对比项目	在线课程	线下课程
课程内容	预先定制，相对固定	随时变化
理论依据	个性化教学策略	班级教学策略
教师数量	通常多名教师	通常一名教师
学习者反应	事先预判	临场观察
师生关系	通过网络"面对面"相对陌生	近距离面对面，较为熟悉
上课环境	家、教室等	教室
同学关系	没有传统意义上的同学，且一般不能面对面交流	有固定同学，可以面对面交流
学习者学习水平	较为一致	差异较大
保存时间	可以永久保存	无法保存

在线教育课程通过互联网平台向学习者传递知识和信息，基于这一点，在线学习属于有意义接受学习，学生在这个过程中能够充分发挥主观能动性。因此，教师在设置在线教育课程的教学内容和教学任务时要将学生的需求放在首位，要以学生为中心，在向学生传授知识的同时也要注重激发学生的学习积极性和主动性。既要保证教学内容的知识性，也要保证教学过程具有趣味性和实际意义。教师在安排在线教育课程的教学策略时要基于在线课程主要通过视频形式传递知识的特性以及有意义接受知识的学习理念和学习激励理论选择最符合学生学习需求和课程要求的方法。

1. 先行组织者策略

教育心理学家奥苏贝尔首次提出了一个重要的观点，即先行组织者，这个词意味着一种超越了学习任务的引领工具，其含义远超学习任务自身，并且可以将学习任务与学生的认知框架内的旧思想进行连接。先行组织者包括两种类型，一是阐述性组织者，阐述性组织者通常是对正在学习的知识的一种主观概括，能够起到整合、总结知识的作用。二是对比性组织者，对比性组织者平行于即将学习的新知识，学习者在学习过程中能够借助对比性组织者将知识进行类比，进而对更深层次的知识进行理解和掌握。例如，在讲述血液循环系统的相关内容时，教师可以在教学内容中安排城市供排水系统的介绍，以此充当对比性组织者，供学生进行类比学习；在教授雷达的工作原理时，可以将回音现象理论作为对比性组织者，为学生提供引导。这种引导在线上教育课程中能够使学习者在复习学过的知识的同时对即将学习的新知识展开联想类比，这种新旧知识之间的连接是基于学生的认知结构产生的。应用先行组织者策略的步骤为：先设定阐述性组织者，让学生将现有知识进行整合和归纳，将正在学习的知识主题与已有的知识框架整合起来，为引入新的知识学习作铺垫，促进学生培养连接新旧知识的能力。接下来再安排对比性组织者,让学生深入了解学习内容,教师在规划线上教育课程的内容时,要充分考虑在线课程以视频为主要传播方式的特点,建立可视化的知识体系架构,让学生能够通过视频清晰地看到教学内容包含的知识体系,并在之后的学习中能够熟练地运用这些知识结构去学习和理解新的知识,这样学生就能够在不断有效吸收新知识的过程中获得满足感和成就感,从而能够更加积极主动地投身于在线学习以及线下学习。

2. 基于问题的教学策略

学生学习的原因是其遇到了原有知识体系难以解决的问题,学生学习的目标是解答这些问题。在学生进行自主学习的过程中,这种解答疑惑的欲望促使他们更加积极主动地吸收新知识。因此,在设计线上教育课程教学策略时可以采用基于问题的教学策略。教师可以为学生设置一些精心安排的问题,让学生带着问题观看视频,这样不仅能够让学生提前对学习内容有所了解,也能够为学生指明学习的方向。教学策略的基础是问题,这种方法易于实施,且教学成效显著。其核心在于确定问题的主题和提出问题的方法。通常,问题的主题应该是学生的“最近发展区”,难度适宜,并且可以通过网络课程的教学方式得到有效的解决。问题复杂度过高或过低都不能引发学生的兴趣,有时甚至可能产生反效果;同时,提问的起点应尽可能与实际情况相结合,而非仅仅从知识的视角出发。例如,教师设置问题时可以将学生的日常生活、学习需求以及社会的焦点事件作为主题,这样既可以实现传授知识的目的,也能够避免课堂的乏味无趣,从而吸引学生的注意力,使他们更加积极主动地参与教学过程。此外,教师在设置问题时也要注意问题之间的关联性和整体性,要基于教学内容设置问题,不能为了提问而提问,要注意问题之间的逻辑性,借助问题将分散的知识点连接起来,构成一个连续完整的知识体系。另外,教师设置问题时也要考虑到线上教育课程的单向传递性,线上课程缺乏教师与学生之间的互动,因此教师设置问题也只能通过自我提问和自我回答的方式进行。

3. 情景化、案例化、故事化的教学策略

需要注意的是,在线教育课程以视频为主要的知识传播方式,而视频就是一种十分符合情景化、案例化、故事化教学的工具。教师可以通过创建情境、分析案例和讲述故事等方式将教育资源转化为线上课程的教学内容,事实上,教学情境的构建是十分容易的,因为从某种程度上来看,绝大多数的教学内容都能与现实生活中的某些真实场景对应上,教师只要用心,就能够很好地将教学内容与现实生活联系起来。

上述三种教学策略都属于创新性的在线教学策略。一个充满教育热忱和教学才华的教师更能够根据实际情况、个性差异进行教学,从而打造出受到学生喜爱的在线课程。

(四)生成在线课程

在线教育课程采用了多媒体技术,相对于传统的课程和教学更具表现力。一个教学内容往往可以用多种方式去呈现,因此,在在线教育课程生成过程中需要仔细研究与分析,从而达成最佳的教学效果。在线教育课程的呈现方式多种多样。生成在线课程,需要经历脚本编写、结构设计、版面布局、文字处理、图形图像、动画制作、视频摄录、音频录制等环节。在线教育课程中,视频课程是一类重要的教学资源,相对于以网页、PPT等方式呈现的课程来说,其设计与制作难度更大。当然,设计与制作精良的视频课程效果也会非常明显。因此,这里重点就视频课程建设进行分析。教师在开发和制作在线教育课程视频时,要考虑视频传播的特性和视频制作的原则,在展示教学内容时要选择符合视频传递信息的途径的方式,从视觉和听觉两方面都要满足学习需要,下面就具体介绍视觉信息和听觉信息的设计方式。

1. 视觉信息的设计

在线上教育课程中，一堂课包含的全部教学信息有八成属于视觉传递的信息，所以教师要格外重视视觉信息的设计。在线教育课程的视觉信息设计包含两方面内容：一是教学内容的视觉化处理，二是画面的艺术化处理。前者主要受教学设计的影响，后者则与摄影和制作的技术水平紧密相关。在处理教学内容时，网络教育课程的主要任务是将教学信息尽可能全面、完整地展现出来。视频传递教育信息的优势是能够直观、具象地将连续、动态的图形和图像信息传递给学生，而对于抽象的文字信息则不能很好地展现。因此，教师在处理教学内容时应尽可能将抽象的文字信息转变为直观的图像信息，这种可视化程度较高的信息更适合用视频的形式进行传递。以下介绍几种常用的转换手段。

（1）数字、关系图示化

在在线教育课程的教学过程中，若涉及数据信息，图解法则是最直接且高效的呈现手段。将乏味的数据联系变为图像关联，能更为生动、有力地阐述问题。另外，巧妙地利用类比和比喻的方式来阐述数据间的联系，也能够使得信息展示得更为生动有趣。图像和比喻的构建方式在处理数字和关联性的教学内容上极其有效，能够轻松地使在线教育课程更加实用和有趣。

（2）信息呈现动态化

视频传递信息的方式最主要的优势就在于能够直观、生动地展示连续、动态的图像信息。教师通过对教学信息中的"动态性"教学内容进行剖析和设计应用，能够有效地实现教学信息的可视化，创造出教学效果良好的线上教育课程。

在教学信息中，例如实验操作步骤和自然现象转变等内容本就具有明显的"动态性"，教师可以直接将这种教学信息用视频的方式加以展示，不必再进行信息的可视化转换。但是教学信息中的绝大多数内容是较为抽象的，必须经过深入的研究才能发现其动态性。对于这种教学信息，教师可以通过"动态化"地展示信息来突出"动态性"。教师要基于这部分内容的特征，规划合理的信息展示顺序，动态地、逐步地展示信息，以此让学生一步步深入思考。动态信息展示的方式能够凸显事物的时间和空间的联系，让学生能够逐步了解教学内容，更加有效地理解和记忆信息。此外，还有一部分教学信息是完全不具有动态性的信息，这类教学信息往往十分抽象、难以理解，例如写作技巧、学科理论、解题策略等，针对这种教学信息，教师可以采用动态的图像、箭头等将这些信息互相连接起来，利用学生思维的活跃性，突出内容的联系，从而协助学生梳理思维。总的来说，在线教育课程的核心就是将抽象的观点具体化、将乏味的数值呈现为直观的图表、将复杂的联系变得直观、将静止的资讯变得活泼。换句话说，教师需要最大限度地将教育资讯变得直观和活跃，并最大限度地利用视频媒体的优点。

2. 听觉信息的设计

声音作为在线教育课程的一个关键手段，被广泛应用于信息的传播。在一个出色的在线教育课程里，声音不仅被用来阐述教学内容、创建学习环境，同时也是主讲者展示其语言魅力、表达教育理念的关键路径。

（1）解说词

在在线教育课程中，声音的使用主要有两种：一种是解说词，另一种是背景音乐。配备解说的在线教育课程更能反映出真实的教学环境，更易于被学生理解和接受。需要强调的是，网络教育课程的解说词是对图像信息的必要阐述、解读、提醒和补充，而非对图像文本的简单复制。一些在线教育课程利用视觉展示丰富的文本内容，而讲解方式则是根据视觉内容进行简洁的重述，这种方式存在大量的信息冗余，很可能会引起人们的反感。正确的方式是，尽可能地将画面信息视觉化和动态化，文字应尽量简洁，不宜过多。解说词则需要根据画面内容独立编写，既要有针对性地补充画面信息，又要能够连贯整个在线教育课程。

（2）背景音乐

一些在线教育课程并未提供详细的讲解，因此，教师需要挑选适当的背景音乐并加入相关的文字阐述。在挑选背景音乐时，教师需要考虑一个重要的问题：音乐的深层含义是什么？每一首歌曲都有其独特的创作环境和所要传达的特殊意义。在线教育课程所使用的背景音乐必须与其主题相符，或者说是相互补充。恰当的音乐能够增强甚至提高整个在线教育课程的质量，若是没有进行任何区别地随意选择音乐，就可能会出现混淆视听、引人误解的状况。另外，当在线教育课程需要采用几段独特的背景音乐时，除了关注内容的匹配性，也需要确保主题和配乐的清晰，也就是说，以一种音乐作为主导，配合前后部分；其余的音乐作为补充，交替使用。过多的音乐可能会导致混乱，因此，一个在线教育课程中使用的音乐种类最好不要超过三种。简而言之，在制定在线教育课程的过程中，教师需要充分利用视频媒体的优点，妥善规划视觉和听觉的信息，并将这两种感官途径融为一体以实现信息的传递。视觉和听觉的互补性是相辅相成的，就如同两只脚同步前进，各司其职。

（五）形成助学资源

助学资源，指的是与课程和主题有关的各类教科书、教学计划、教学资料、练习题、试卷库（或题目）、教育工具，以及用于辅助教学的相关通知（例如课程资讯、课程导读和课程通知）等。这些资源的收集、整理、制作和填写也属于课程开发范畴。教材是供教学用的资料，如课本、讲义等。它包括文字教材、音像教材等。在线教育教材，通常以多媒体的形式存在。教案（导学案）是一种实用的教育文件，其目的在于帮助教师依照课程要求和学生的真实需求，以课时或主题为基础，详细规划并组织教学内容、教学流程、教学策略等。习题是一门课程或一本教科书所给予的，可以用于训练和实践的、拥有确切答案的问题。而题库（试卷）则是根据各种学科的分类以及它们之间的关联，把各种试题进行分类整理，以便为某一特定的学科知识和技能的考核提供一种备选题目的系统性资源。试卷也可以被视为一种题库。通俗地讲，题库可以理解为大量试题的集合，也可以理解为一种数据库。教育软件是为教育服务的软件系统。其分类繁多，可根据实现功能、学科专业、应用范围等多种分类方式进行划分。从广义来看，在线教育平台本身也是一个教育软件。课程信息、课程导学与课程公告等辅助教学信息，是向学习者提供课程学习简要信息、引导学习者完成学习任务的公告性资源，对于更好地开展在线教育工作、提高在线教育课程教学质量有着间接的促进作用。其中，课程资讯涵盖了该课程的特性、核心部分、学习目标、学习任务和教师概述等；课程引导则是引领学生去理解该课程的相关信息，例如学习目标、应用范围、学习内容、证书需求、预备知识、参考文献等；课程通知主要是通知学生该课程的网络授课时间、答疑解惑时间等。

二、在线教育课程开发需要注意的问题

设计开发在线教育课程，不仅要遵循设计开发的基本流程，还需要考虑方方面面的问题，这是国内外在线教育实践的经验总结，具体如下。

（一）控制单元时间

在线教育课程中，会大量用到微课、微视频等新形式、新技术，这就产生一个问题，即微课、微视频到底多长时间较为合适。有研究对 edX

的 690 万条视频进行分析后，发现了一个令人震惊的事实：即使视频的长度再大，其真正的观看时间的平均值也不超过 6 分钟。并且，6～9 分钟的时间段被认定为一个转折点，相对于短的视频，其真正的观看时间平均值则可能会有所减少。例如，一段时间超过 12 分钟的影片，其真正的观赏时间仅为 3 分钟。所以，"微课、微视频到底多短最合适"这个问题有了标准答案——6 分钟[①]。

（二）把握讲授语速

鉴于微型教学或影片的内容较少，同时也需要涵盖大量的信息，所以，教学的语言节奏显得尤其关键。尽管教学节奏与影片的吸引力之间存在一定的关联，但是，在教学节奏为每分钟 185～254 个单词，中文大约 300 个字的情况下，即使影片的内容再长，也可以吸引不少观众。由于高强度的表达通常带来强烈的情绪，并且这种情绪具备很强的影响力，使学习者更愿意投入其中。因此，老师的热忱，或者说是更多的激情，往往能够更有效地吸引学生的注意。当表达的速率提高，相应的，讲授相同主题的时间也将减少，从而使制作影片的长度能够接近或者超过 6 分钟的预期。这就需要教师在录制课程前进行精心策划，使内容更为紧凑、节奏更为迅速，同时要避免重复无意义的话语。

教师应使用明亮的嗓音、规范的口头表达、恰到好处的语速（如果视频内容过多或难度过大，可以暂停或重复观看），并且具有强烈的影响力。

（三）注意动静结合

微课和微视频因其短小精致的特性，往往被误解为教师头像是无关紧要的。然而，实际情况并非如此。相较于纯 PPT、软件操作等录屏式微课视频，长度超过 6 分钟的视频、教师头像的视频获得的关注更多。原因在

---

① 赵样. 开放式教育理论与实践研究［M］. 西安：西北工业大学出版社，2020.

于，头像的动态性比单一静态的录像更能"提升精神"。大多数学习者更偏爱将头像嵌入视频的一角，也就是画中画的方式。当然，这需要在 PPT 中特别留出那一角，头像不应该遮挡应该看到的课件内容。显然，在特定的教育环境中，教师的头像也是一种关键的学习工具。在中国，学生们受到传统的班级授课方式的深远影响，如果课程中缺乏头像，不仅让教师感到不适应和不自然，学生们还会觉得缺少了教师的实地感、亲近感和监管感，导致他们的独立学习能力下降，学习一段时间后很容易分心。

（四）善于营造气氛

教师们通常习惯于教室的教学环境——黑板/大屏幕、教鞭或 PPT 激光笔、站立在讲台上、所有的学生都朝向教师。然而，这样的视频录制，即使是在教室/演播室里，也比不上更为经济的私人录制方法。教师坐在椅子上，直视镜头，周围环境就是办公室，仿佛在进行个别指导，这种方式能够获得最佳的教学效果。在语言表达中，如果更多地使用"你"而非"你们"，使用"咱们"而非"大家"，那么和谐友好的气氛就会得以营造。许多对此一窍不通的教师在授课时，首句总是"同学们，大家好"，这种情况往往会让人感到有些尴尬。在线教育课程中，一对一的教学方式非常关键。

微课和微视频的目的是让学生自主学习和一对一地高效学习，它们的存在并非仅仅为了让学生观赏，更应该被用于向学习者展示。一对一学习的核心理念是学习者可以直接参与到学习的内容和解释的过程中，避免了冗长、无意义的甚至可能失败的教学步骤，比如像传统的课堂上的学习者之间的讨论、分享、交谈和反馈，这些都可以让学习者自己进行，独立地进行思维和行动。根据个人兴趣与特点，学生有权利进行选择性的学习——对于简单的部分，他们可以随意浏览，对于难以理解的部分，他们可以多次阅读，也可以稍作休息，查找有关信息，理解并掌握基本的知识。在阅读过程中，他们也能在网络上提出疑惑、进行实践操作、做出记录，等到他们完全理解之后，再进行下一节的微课程、微视频的观看。一般来说，这种方式的学习成果非常显著，并且不存在任何遗漏。

（五）讲究教学工具

在线教育需要录课设备、教学工具等硬件设施设备。那么，教学硬件设施设备是否越高档、越充足，对在线教育课程教学效果的提升就会越大呢？答案是否定的。以可汗学院的视频为例，它们主要使用的是手写笔（板），因此，有些专家直接把这类视频叫作"可汗风格"。相较于传统的单向录像微课，在可汗风格的教学中，教师会同时进行讲解和绘图，让人感觉像是在进行一对一的授课。或者在一块黑板上以书面形式进行教学，或者在 PPT 中描绘出需要强调的部分，手写笔的优势远超过鼠标的简单指引和播放，使学生能够明确地了解应该关注的地方。可见，教学工具不一定非常高档、多样，手写电磁屏和手写笔就是非常值得配备的微课、微视频教学工具。

（六）把握学习特点

在线教育课程学习有一个特点：学生的积极性越强，他们的成绩也就越好。那么，在哪个时间点，选择课程的学生最为积极呢？答案是，从新课程开始的前半个月，一直到第一次作业结束的这段时间，这段时间内选择课程的学生，其积极性明显超过了其他时间选择的。因此，网络教育课程推广的最佳时期应该是开课前后。值得注意的是，无论何时，即使课程结束，参与并观看视频的学生数量依旧相当可观。尽管他们没有完成作业或参加考试，但仍能从视频中获益，这正是课程价值的显现。

第二章 高校教学模式现状——以外语教学为例

外语教学旨在培养学生的语言运用能力,高校外语教学应该重点培养学生的语言应用能力与外语文化素质。然而,现阶段我国部分高校外语教学仍旧以传统的"灌输式"教学方式为主,这种教学模式不仅教学效率较低下,而且难以调动学生学习的积极性,因此各个高校应积极寻求突破。本章的主要内容包括教学模式概述、教学模式的演变与发展、高校外语教学模式的现状。

第一节 教学模式概述

一、教学模式的定义

在《牛津高阶英汉双解词典》中,"模式"一词被定义为用于示范运作方法等的模型。一般情况下,被研究的对象在理论上的逻辑框架,是再现现实的一种理论性的简化结构。

美国教育家乔伊斯和韦尔于 1972 年发表的《教学模式》一书中,最先对"模式"进行了系统的研究,并将之引入教学领域中。他们认为教学模式主要是指在教室和其他环境中教学活动的一种计划,如选择教材、构成课程等。在教学理论中引入"模式",说明了在一定的教学理论指导下,可以在教学过程中建立各种类型教学活动的基本结构,使其形成一整套策略体系,主要用于保证教学活动科学有序地进行①。

20世纪80年代以来,我国对教育模式研究的关注日益增长,同时这一研究取得了不少有益的研究成果。我国对教学模式的定义有许多不同的说法,大部分学者认为,教学模式便是教学"大方法"。还有学者认为教学模式是对教学实践中形成的较为系统的、相对稳定且具有一定意义的教育体验,加以结构化、抽象化的特殊理论模式,并且必须在一定的教育理念支配下才能完成。总的来讲,教育模式代表了一种独特的教育形态,它依赖于某种教育理念或者教育原则,形成了一个较为稳固的教育行动的组织结构以及行动流程。如果从大的角度去分析,教育模式就像一个组织框架,它主张掌控所有元素与教育行动的总体联系;而如果从行动流程的角度去考虑,那么它就主张教育模式的实用性以及流程化。

在运用系统方法对教学系统运行过程进行分析之后,可以发现教学模式是一种再现现实的理论性的简化形式,其要点主要有以下三个方面:一是对教学系统运行过程理论的精心简化;二是代表着教学系统运行过程的理论内容,是理论性的;三是对教学系统运行过程的表现。

20世纪90年代以前,我国的大多数高校都以教师为中心。以前的大部分人都认为这种教学模式不仅有利于教师对课堂教学的管理、监控、组织,还能充分发挥教师的主导作用。但是,需要注意的是,这种以教师为中心的教学模式不能体现出学生在学习过程中的主体地位,并且容易影响学生积极性和主动性的发挥,因而阻碍了创新型人才的培养。因此,为了激发学生的主动性、积极性,高校应教育模式进行改革,探寻、建立既能

---

①（美）乔伊斯（Bruce, J.），（美）韦尔（Weil, W.），（美）卡尔霍恩（Calhoun, E.）. 教学模式［M］. 北京：中国轻工业出版社，2004.

体现学生主体作用，又能发挥教师主导作用的"主导—主体相结合"的教学模式，从而实现培养创新型人才的教育目标。

综上所述，教学模式的改变必将导致教与学理论、教学观念、教育思想的深刻变革，以及引起教学过程的根本改变。因此，与教学方法和手段的改革相比，教学模式的改革意义更大。

二、教学模式的构成要素

随着系统方法在美国商业、工业、军事等领域的应用，教育界也开始越来越重视系统方法的应用。到了 20 世纪 60 年代，系统方法逐渐融入教学实践的研究，经过长期的发展，逐步形成了教学系统方法。在教学系统方法体系中，我国相关专家学者利用系统方法研究、设计和实施教学活动，将教学整体看作一个系统，主要包括教学过程、学习过程和反思过程三个具体的过程，同时还包括五个要素，即教学内容、教学环境、教学媒体、学生、教师。在教学系统中，各个要素和过程交织在一起，相互作用、相互影响，共同实现教学目标。由于教学系统是客观存在的，并且其运动具有一定的规律性，因此为了深入研究教学系统的运行规律，我国教育界的专家、学者用教学模式来概括教学系统运行过程，最终明确了教学模式具有理论抽象性的教学系统运行规律。教学模式不仅是教学要素运动的程序和方法，还是具体教学思想的指导，它主要包括以下几个方面。

（一）教学目标

教学目标是所有教学模式的指向,因此教学目标在教学模式的结构中具有十分重要的意义,同时由于它决定着师生在教学活动中的组合关系和教学模式的操作程序,因此对形成教学模式的其他因素有着制约作用,是教学评价的标准和尺度,这一特点充分体现了其极强的内在统一性。除此之外，不同教学模式都是为完成一定的教学目标服务的。

（二）理论依据

教学模式不仅是一定理论指导下的教学行为规范，更是对教学理论或教学思想的反映，一般情况下，教育模式会随着教育观的改变产生差异。例如，人们的理智与情感活动、无意识的心理活动，以及有意识的心理活动在认知中的统一是情境陶冶模式的理论依据。认知心理学的学习理论则是先行组织模式，或是概念获得模式的理论依据。

（三）教学评价

教学评价主要涉及各类型的教育模式，它们都有自己独特的评价手段和准则来实现教学目标。每一种教学模式都有其独特的运作流程和环境，并且它们需要达到的教学目标和任务也各不相同，因此，我们应该根据这些差异来选择最合适的评价手段。近年来，我国大部分高校虽然已经具备了较为成熟的教学模式，但仍缺少成熟完善的评价方法和标准，因此高校必须对此引起重视，并不断完善。

三、教学模式的主要特点

（一）稳定性

教学模式能在一定程度上揭示教学活动带有的普遍性规律，一般情况下，它作为大量教学实践活动的理论概括，只负责提供具有参考作用的程序，并不涉及具体的学科内容，具有一定的稳定性。需要注意的是，教学模式是依据一定理论而提出来的，因此会受到教育方针和教育目的的制约，与一定历史时期的教育的水平、经济、科学、社会、政治相联系。

（二）操作性

教学模式能够以简化的形式反映某种教学理论或活动方式中核心的部分，可以说是一种操作化、具体化的教学思想，为人们提供了一个更加具体的教学行为框架，便于教师理解、把握和运用。

（三）灵活性

教学模式充分体现了某种理论在教学过程中的实际操作形式，并非针对特定的教学内容而提出的。因此，在运用的过程中必须考虑师生的具体情况、现有的教学条件、学科的特点、教学的内容等，为了体现教学模式对学科特点的主动适应性，还要不断进行细微的方法上的调整。

（四）指向性

一般情况下，每种教学模式的设计都必须围绕教学目标来完成，并且其运用也具有一定的条件，因此适用于所有教学过程的教学模式是不存在的，并且也不存在最好的教学模式。教学模式的选择必须谨慎，既要考虑其指向性，又要注意不同模式的性能和特点。

四、教学模式的选择过程与方法

教学模式的种类随着研究的深入日益增多，面对纷杂的教学模式，教师如何选择与教学过程相适应的教学模式成了当今社会的重点问题。其选择方式主要包括以下几个方面。

（一）教学媒体与教学模式的选择

教学媒体能够采集、存储、传递和加工教学信息，是一种在教学过程中师生都可使用的工具和载体。师生关系随着现代教学媒体和技术的发展也发生了明显的变化，并且，在多媒体和互联网等现代科学技术的支持下，学生学习知识的来源也已经发生了根本性的改变：从原来的一位教师、一支粉笔、一本教材、一块黑板转变成了内容丰富、变化多端的多媒体；从班级授课延伸到网络学习；从填鸭式教学切换到了以学生为本的自主性、探讨式学习。

现代技术弱化了学生对教师、对课堂的依赖程度，在丰富了教师的教学方式和手段的同时，也给教师的教学行为带来了挑战，如何增强教师的授课本领以及如何选择教学媒体也成为新时代教师教学活动的新课题。

（二）学生因素与教学模式的选择

由于教学活动是师生互动的过程，因此学生和教师在教学系统中是必不可少的两个核心要素。目前，我国部分高校存在着比较极端的教育观点，即片面地以学生为中心或以教师为中心：单纯地以学生为中心，容易忽视教师的引导和支持作用，从而过分强调学生在学习过程中的主体作用；单纯地以教师为中心，则容易忽视学生在学习过程中的主观能动性，从而过分强调教师在教学活动中的权威性。由此可知，片面强调任何一方均可能导致教学系统的失衡。

（三）教师因素与教学模式的选择

在教学过程中，教学的本质决定了教师的主导作用。学生在教师的指导下进行的学习和认知是教学活动区别于其他活动的重要特点，教师的主导作用主要表现在：教师应结合教学的具体内容，根据学生的特点和要求，引导学生选择恰当的学习方式；教师应根据教学内容、教学目标以及学生的个体特征选择教学组织的方式和教学策略；教师在选择教学模式时应根据教学目标的需要、社会发展的需要选择合理的教学内容。

综上所述可知，教师决定着教学组织的程序和方法，以及教学系统中各要素结合的方式和程度。

（四）教学环境与教学模式的选择

一般情况下，教学环境主要包括两个方面：社会环境，主要是指生生关系、师生关系、课堂秩序、课堂气氛等多个外部因素；物质环境，主要是指教学中的空间布置，教学设施（包括桌椅、多媒体等），自然条件（如照明）等。在教学系统运行中，教学环境会影响教师的教学组织和教学方法，是教学活动开展的基础。例如，教师只有在具备互联网设施的教学环境中，才能选择网络教学模式。

对于教学实践而言，教学模式具有指导作用，主要负责设计其框架结构，选择科学的、合理的教学模式具有十分重要的意义，因此教师在进行选择时必须注意两个方面。

根据学习目标的性质选择教学模式。为了实现有意义的教学，教师应灵活多样地设计教学活动，根据不同类型的学习目标采用不同的教学模式，切忌生搬硬套某种已有的教学模式。

根据教学对象的特点选择教学模式。教师在教学活动中要侧重发挥教师的指导作用，突出强调自主学习能力的培养，因此应根据学生的兴趣爱好、个性特点等方面进行选择。

（五）教学内容与教学模式的选择

教学内容通常是指课程、教材、教学大纲呈现的内容。在教学中，改变学生的知识、技能和态度是教学的主要目的，而教学内容则是促成这些改变的重要因素。因此，教学系统运行的根本目的和要求是将教学内容内化到学生的认知结构中，由此可知，教学内容是教学系统中必不可少的要素。教师在选择教学模式时，必须要选择利于学生的学习和吸收的模式。

第二节 教学模式的演变与发展

一、教学模式的演变过程

（一）古代的教学模式

近代教育学形成独立体系后，人们对系统完整的教学模式的研究的关注度日益提高，虽然早在中外教学实践和教学思想中便有了雏形，但到了 20 世纪 50 年代以后，我们才正式提出了"教学模式"的概念。

总的来说，传授式是古代教学最为典型的模式，其特点是教师在教学过程中具有绝对权威，主要是由教师灌输知识，学生被动接受；其结构是"讲—听—读—记—练"。一般情况下，学生是靠机械重复进行学习的，其对答与书本或教师的讲解一致。从实质上来看，相关专家、学者对古代教学模式的研究是对该时期教学实际情况进行总结和反思的结果。

（二）近代的教学模式

随着直观教学法和自然科学内容的引入，各个高校开始在教学中实施班级授课制度，国外著名教育家夸美纽斯认为应将观察等直观活动纳入教学活动体系，以及将练习、问答、讲解、质疑等统一于课堂教学中，并提出了新的教学模式，拉开了近代教学模式研究的序幕。

19 世纪，外国教育家赫尔巴特从统觉论出发研究人的心理活动，这一理论是说只有当新经验已经构成概念并与心理发生联系时，学生才能在学习过程中真正地掌握知识，在一定程度上反映了当代科学发展的趋势。

赫尔巴特从这一理论出发提出了"教学形式阶段"，即"清楚—联合—系统—方法"的四阶段教学模式。赖恩则在这一模式的基础上又提出了更为完善的五阶段教学模式，即"预备—提示—联合—总结—应用"。这两种教学模式与无程序的教学相比，更为先进，有效地将复杂的教学过程变得简单易行，但是这一模式也存在许多缺陷，如不重视教学实践、忽视学生的主动性等。

随着资本主义工业的发展，19世纪末20世纪初，以赫尔巴特为代表的传统的教学模式受到了挑战，强调个性发展的思想的普遍深入与流行，促使教学模式又向前推进了一步。

20世纪初，美国教育家杜威认为从生活中学习，从经验中学习是最好的教育方式①。教育的目的就在教育的过程之中，教育是一种社会生活过程，他反对把从外面强加的目的作为正式目标。杜威又认为好的教学必须能唤起学生的思维。因此，作为一种社会生活形式的高校必须为学生提供能够引起思维的情境。可以将思维过程分为五个步骤，即疑难的情境、确定疑难的所在、提出解决疑难的各种假设、对这些假设进行推断与验证、修改假设。

除此之外，杜威还鼓励在对教育冲突、科学发展、社会变革等深刻认识的基础之上，探究与创新教育思想。一般情况下，认识论是关于知识以及认知的理论。在现代科学面前，杜威认为"知识的旁观者"理论是一种形而上学的"二元论"，是不符合社会需要的②。现代科学的发展表明，知识是在生命的维持与进化中不断发展的。

---

① 陈东卿. 杜威"做中学"教学原则对美国学校教育的影响 [J]. 教育情报参考，2009，(9)：2.
② 张传燧. 解读实用主义教育思想 [M]. 广州：广东教育出版社，2007.

二、教学模式发展的趋势

（一）向以"学"为主的教学模式发展

我国大多数传统教学模式都忽视了学生如何学这个问题，主要原因是总以教师的角度来看待教学，杜威的反传统教学推翻了这一模式，使教育模式的研究逐渐偏向以学为主的教学模式的研究。随着建构主义等教学理论的发展，师生在教学过程中的作用和地位逐渐被改变。现代教学模式更重视学生的参与，重视教学活动中学生的主体性，这就要求教师必须鼓励和帮助学生实现创造性的学习，并根据教学的需要合理设计教学活动。

（二）向多样化教学模式发展

我们认为的以教师为中心的传统教学模式是教育学家赫尔巴特提出"四段论"教学模式以后，经过课堂的实际应用和推广，逐渐形成的。一直到 20 世纪初杜威提出实用主义教学模式，传统的教育模式才受到了批判。在之后的一段时间里，教学模式出现了争论，杜威的实用主义教学理念与传统的教育方法同时存在，但又彼此冲突。自 20 世纪 50 年代起，随着新的科技革命的进步和扩展，教育方式也经历了巨大的转变，呈现出一种复杂、繁荣的多元化、多层次的发展格局。

（三）教学模式的技术手段日益现代化

近年来，我国越来越重视在教育模式的研究中引进现代科学技术的新理论，并且在新的教学模式融入教学的过程，十分重视信息技术的运用，如网络、多媒体、计算机等，教师有效地将信息技术与课程进行整合，充分利用现有的教学条件对教学模式进行全新的设计。

（四）向演绎型教学模式发展

传统的归纳型教学模式是在积累经验的基础上不断形成思维的过程，这一模式十分重视从经验中进行总结和归纳，但由于经验是未完成的，很容易出现漏洞和导致一些基础知识掌握不牢靠。现在的人们一般运用演绎法来进行科学预见，演绎型教学模式是先进行理论假设，然后用严密的实验来验证其效用，从而形成思维的过程，这一模式已经基本形成了较为完备的体系，更加强调教学模式的科学理论基础。目前，演绎法已经成为教学模式生成的重要途径。

第三节　高校外语教学模式的现状

一、高校外语在线课程建设的必要性

近年来，国内专家日益重视高校外语的改革，而高校外语改革已经转变为以研究性学习和学术外语为新定位的改革。在国内，高校外语教学已经逐渐转向了培养学生的实用能力。课程建设的必要性主要表现在以下几个方面。

（一）给高校外语改革带来新的动力

高校外语教学以不具备实用性和社会交往性的普通基础外语为主要教学内容，是我国高校外语教学目前最主要的问题。由于课堂教学和测试内容与就业需求关联不大，该类外语教学无法适应日益进步的社会经济发展的需要，无法帮助形成学生主动学习的内驱力。除此之外，普通的基础外语很少甚至无法调动学生的实践性、主体性、自主性，并且教学模式陈

旧、教学方法落后。从宏观上来看，师生都无法将社会经济发展和语言学习剥离开来，同时也无法看到外语学习的即时价值。由此可知，高校外语教学要想跟上时代的发展，必须要进行外语改革。

（二）满足新一代大学生对高校外语课程的需求

目前，我国高校外语教学存在着许多问题，其主要原因是现有的授课方式和课程设置无法满足当今时代对学生提出的新要求，如依赖课后培训班，学生课堂走神、学习懈怠等。近年来，随着网络和多媒体技术的飞速发展，与过去的大学生相比，大部分学生用于日常交际的外语能力较强，但基本不具备能够自如应用的能力。导致这一问题的主要原因是论文和摘要的低质量撰写、个人观点含混不清的陈述、课上听课的模糊效果、知识要点的不规范记录，以及原版教材和专业阅读等方面高水平语言表达能力的缺失。因此，在高等学校从事大学外语教学的专家和主管高等教育的相关的政府机构，必须有社会进步和时代发展的责任感和使命感，必须站在具有一定高度的战略地位去进行判断和把控外语教育的方向，必须针对新时代大学生的特点，重新调整教学定位，从而培养能够熟练运用外语的技术型人才，满足国家和社会发展的人才需求。

（三）推进教师信息化技术应用能力与教学能力

目前，我们已经全面步入了信息化的时代，然而，大学外语教师的信息技术应用能力仍然不足，他们掌握的信息技术与课程教学、教学改革以及学科发展之间的冲突相当明显。此外，大学外语教师对于教育信息化环境下的课堂教学改革的理解也不够深入。为了改变这种状况，大学需要展现其导向性，通过多种途径来增强大学外语教师的信息技术应用技巧，从而达成信息化教学目标。

首先，教师们对现代教育技术的应用并不重视，他们仅仅将信息化教学方法看作辅助教学的手段，却没有思考过这些方法如何帮助学生更深入地理解课程。此外，许多教师并不擅长利用多媒体进行教学，对新兴科技的理解和研究也相当有限，他们也没有充分利用网络学习资源的意识和能力。许多教师还在使用传统的教学方法进行教学设计，这与当前的教育需求相悖。

高校外语教师作为信息技术的使用者与受益者，这就要求高校外语教师增强自身的学习意识，准确了解信息技术设备应用要点，将之与教学工作相结合，进而逐步提升自身的信息技术应用能力。一方面，教育工作者需要清楚地认识到，信息技术的运用能力不只是指他们能否灵活地运用各类 IT 设备，同时也需要理解在信息化时代下新的教育观念，这样才能在此基础上进行教学。他们需要提升自我学习的意识，坚持终身学习的原则，深入了解各类信息技术设备的运用关键，并将其融入教学设计，从而使教学设计更具智能性和现代性。教育者需要采取多种方法来刷新自己的教育策略，理解在信息化时代下的教育策略的新需求。他们可以运用信息科技来搜集公开课程的资源，借鉴他人先进的信息化教育模式，并将其融入自己的教育工作，从而提升教育的智能化和现代化程度。

另一方面，教师需要提升自身的学习能力，深入理解信息技术的应用需求。现如今，信息技术正在飞速进步，教师需要紧跟时代步伐，掌握新兴技术，利用信息技术进行教学，以实质性地提升教学效果。

其次，大学应该注重对教师的信息技术运用能力的提升，然而，这种提升不能只依赖于学校的资源，还需要构建完善的保障体系。

大学应该把教师的信息技术运用能力纳入到他们的绩效评估，这是决定教师是否能够完成教学职责的主要因素。教师的信息技术应用能力的关键在于制度体系，一个科学且合理的制度能够极大地激励大学外语教师的学习兴趣。他们会主动地进行自我学习，从而掌握信息技术的使用方法，并将其融入教学。

因此，大学必须重视与信息化教学相关的制度体系，并以信息技术为基础建立相应的激励和评估体系，以提升教师的信息技术应用能力，为教师进行学习和创新提供优良的环境，激发他们的主观能动性。

二、高校外语传统型教学模式存在的问题

随着知识经济时代的到来，以及信息社会的飞速发展，我国传统的教育模式已经无法满足时代的要求，逐渐暴露出了教师知识结构的老化、教学与科研生产相分离、教学手段单一、教材内容陈旧滞后等弊端。

近年来，人们对高校外语低效费时的弊端日益关注，并且对高校外语教学改革给予鼓励和支持，极大地推动了我国高校外语教学改革的步伐。目前，高校外语传统型教学模式存在的问题包括以下几个方面。

（一）教材选择存在弊端

长期的实践证明，教学方法和教学目的都会受到教材的直接影响，因此教材的设计和选择对于任何一门课程而言都具有十分重要的意义，是决定课程教学成功与否的关键因素。传统的非外语专业大学外语教材的内容忽视了现代的实用性内容，更偏重政治和文学方面的内容，但随着社会的飞速发展，已经逐渐做出了改变，但我国的外语教学却仍然止步不前，出现了教材设置目的不能满足现代外语教学的需求、教材内容与现代社会脱节的现象。

20 世纪 90 年代以来，我国本土外语教材在设计上有了较大改变，各种合编的或原版的外语教材也不断被引进，但是这些教材忽视了实用性，更偏重可教性与可学性，这类教材容易使学生渐渐失去对外语学习的兴趣，无法在社会的交际中应用从课本上学到的知识。

一本好的外语教材必须充分考虑到教材语言的素材是否真实、图文比例和色彩等是否合理、教学指导思想是否科学、内容的安排和选择是否符

合教学目标、是否采用现代先进的教学方法、教材的组成是否完整等。为了开发出适合我国学生的外语教材，教师必须充分考虑这些因素。

（二）教学模式和教学方法单一

我国高校现有的外语教学模式虽然取得了一些发展和进步，但是需要完善和发展的地方还很多，滞后、单一、呆板仍然是主要问题，主要体现在以下两个方面。

1. 多数高校仍然沿用传统的模式进行外语教学

在开展外语教学的过程中，教师不仅要引导学生运用所学知识进行广泛交际、阅读等实践活动，还要向学生传授必要的语言知识。然而，我国的高校外语教学在相当长的一段时间里，教师始终采用"书本＋黑板＋粉笔"的教学模式。这种模式不仅忽略了培养学生交际能力的根本目的，还忽略了教与学之间的关系。除此之外，部分高校的学生普遍存在"高分低能"、对教师依赖性强、独立运用语言能力差等现象。

2. 教学手段单一落后

高校外语教学受现代技术的影响，出现了许多使学生可以在更广泛的范围内接触外语现代化的教学手段。从实际的情况来看，我国虽然已经有部分高校开始运用网络、多媒体等教育手段，但其获得的成果却不尽如人意，其原因主要包括两个方面：一是高校与外语教师对现代教育技术的忽视，导致大部分现代化教育设备无法发挥在教学过程中的优势；二是现代化设备和学生之间存在矛盾，从而导致高校缺乏多媒体学习环境的支持。

综上所述，优化学生的学习环境、改革外语教学模式是提高学生综合运用外语能力的重要途径。

（三）受应试教育的制约

对于传统的外语教育模式而言,考试观的不同是应试教育与素质教育的根本区别所在。评价和选拔是考试最为主要的两个功能,在应试教育思想的长期影响下,人们更偏向于选拔功能。例如,在高校的大学外语教学中, 大多以外语考试通过率的高低来评价高校和教师的外语教学的好与坏,从而使考试失去了其应有的作用,更为突出考试的应试特点。实际上,多读、多背、多写、多听、多说等是学习语言最好的方法,高校外语教师应教会学生获得外语"语感"的方法,而不能单纯地传授语法知识,这就要求学生必须对大量的单词和课文进行背诵,而外语考试的题型主要是选择,这也是学生将大量的学习时间放在模拟试题等方面的主要原因。因此,学生往往会忽视课堂上的讨论和交流,更加看重答案的标准性、唯一性,从而过分依赖教师的讲解,在这种情况下学生内心就慢慢开始抵触社会交际,导致其实际的解决问题能力和创新性能力很差。近年来,我国高校学生在应试考试时成绩突出,但是在现实生活运用时, 表达能力还是不足。另外由于传统的外语教学模式课堂教学沉闷单一,教师教学和学生学习的积极性都不高。教师在课堂上以非交际的"满堂灌"和以讲授为中心的教学方法,形成了死气沉沉的课堂氛围,严重阻碍了学生语言交际能力的发展。对于学生而言,这样的教学过程失去了学习的新奇性,很难提高课堂学习效率。

第三章　网络课程

教育的核心在于课程，它是教育得以实现的工具。如果没有课程，教育就失去了传递信息、阐述意义和阐明价值的平台。因此，对网络课程的定义进行探讨，是现代课程研究中必须面对的一个关键问题。

第一节　网络课程的定义与发展

一、网络课程的定义

网络课程在网络教育活动中是处于基础和核心地位的，但是网络课程的定义和普通课程的定义一样，至今没有一个人们公认的结果。网络课程定义多样性的根本原因在于网络课程自身的复杂性，而直接原因则在于研究者的出发点和研究角度不同[①]。网络课程的定义有很多，何克抗认为，"网络课程是在先进的教育思想、教学理论与学习理论指导下的基于 Web 的课程，其学习过程具有交互性、共享性、开放性、协作性和自主性等基本特征"[②]；武法提认为，网络课程可定义为"通过网络表现的某门学科

---

① 丛立新. 课程论问题［M］. 北京：教育科学出版社，2000.
② 何克抗. 现代教育技术和优质网络课程的设计与开发［J］. 中国大学教学，2005，（01）：16-21.

的教学内容及实施的教学活动的总和"[1]；林君芬、余胜泉等人认为，"网络课程，顾名思义就是用于网络教育的课程，首先，它是课程；其次，我们强调它必须具有网络的特点"[2]。

我国教育部现代远程教育资源建设委员会对网络课程的定义为："网络课程就是通过网络表现的某门学科的教学内容及实施的教学活动的总和。它包括两个组成部分：按一定的教学目标、教学策略组织起来的教学内容和网络教学支撑环境，其中网络教学支撑环境特指支持网络教学的软件工具、教学资源以及在网络教学平台上实施的教学活动。"[3]这个定义不只是延续了"课程"作为"教学活动"的传统理解，同时也把网络视为一种支持性的技术环境。网络的存在意义在于，它通过技术工具创造了一个能够进行教学活动的环境，是基于网络构成的一种教学环境，因此这里的网络实际上是一种教学媒体。综上所述，网络课程既是课程，同时又不同于传统意义上的课程，其特点是网络课程以网络为载体，课程资源在网络上呈现与传播；媒体的选择不是随意的，它受限于技术的发展；学习活动是在学习平台上展开的，包括教师与学习者的交互、学习者与学习者的交互、学习者与课程资源内容的交互等，都是以教学平台为基础展开的，学习活动的展开受限于学习平台的功能。

二、网络课程的发展

现代远程高等学历教育通过网络课程实现人才培养目标。我国网络课程到目前为止共经历了近 20 年的发展。在这近 20 年的时间里，网络课程资源形态在我国大概经历了以下四个阶段：

① 武法提. 网络教育应用［M］. 北京：高等教育出版社，2003.
② 林君芬，余胜泉，关于我国网络课程现状与问题的思考［J］. 现代教育技术，2001（1）：55-59.
③ 武琳. 大学英语教学模式与课程建设研究［M］. 长春：吉林大学出版社，2016.

　　第一阶段，由教育部高等教育司发起的"新世纪网络课程建设项目"的目标是构建一系列的基础网络课程、案例库以及试题库，以便为试验项目提供教育资源。在此阶段，网络课程的建设主要集中在实现教学内容的数字化。尽管大部分由相关人员开发的课程资源在未来的在线学习实践中并未得到充分利用，这主要是因为他们缺少互联网教学实践的经验。然而，这种尝试依旧具有积极的影响，对未来的网络课程建设产生了重大的推进效果。

　　第二阶段，各个试验性的高等教育机构根据自己的发展需求来构建课程资源，这为大规模的在线学习实践提供了支持，并且已经获得了一些理论和实践的成就。在这个阶段，网络课程的主要目标是解决网络课程的存在与否，主要涉及课堂形式的转变。针对成年学生的需求，部分网络课程已经进行了相应的改革。除了在技术层面提供视频教学资源，BBS 解答、作业管理系统、毕业论文管理系统、虚拟试验系统等交互工具也已经开始逐渐研发和使用。然而，这个时期的网络课程建设的焦点依旧是资源的构建，在线学习活动的规划和学习辅助服务比较缺乏，尚未构建出网络课程的完整理念。

　　第三阶段，专注于优质资源和高品质课程的构建。信息科技的飞速进步和发展已经对网络课程的开发和应用环境产生了深远影响，新兴技术的运用使网络课程教学资源的创建和传播变得更加便利和广泛。在这个阶段，人们的教育观念有所转变，对于学习支持服务的理解逐渐深入，对教学活动的理解也有了一定的提升。这个阶段始于 2007 年，国家首次把网络课程纳入了国家优秀课程评选的范畴。网络教育的精品课程，包括一流的教师团队、一流的教学策略、一流的教学素材、一流的教学管理以及提供的支援服务，都被视为网络教育的典范。这些都完美地展现了远程教育的培训目标，即为了满足在职工作者的远程学习需求及其独特性，我们可以将遵循网络教育法则的教学策略与现代的互联网和通讯科技进行深度、高效的融合，以达到最佳的教学成果和最高的教学收益。如今，远程教育的品质以及教育辅助的品质正不断增强，以便更有效地满足学生的学习需要。近几年，教育部通过不同的网络课程资源征集与评选活动，陆续推出一些优秀网络课程。

第四阶段，开始于 2012 年，这个阶段网络课程形式更加多样，视频公开课、微课、大型开放式网络课程也就是 MOOCs（Massive Open Online Courses）等一些新型网络课程大量涌现，并赢得用户与公众的赞誉，网络课程逐步走向多元化。这些新型的网络课程有其自身的优点，视频公开课以专题为主，都是名家讲座，从教学角度来说，它还称不上是课程，但受到更广泛学习者的喜爱。微课内容短小、清晰、目的性强，容易吸引有学习需求的学习者，其知识碎片化、学习时间更短，便于学习者保持充分的注意力。MOOCs 的产生、应用有它独特的背景、适用性和潜在的运行机制。

三、网络课程的特点

从成人教育学的视角出发，他们对课程的理解也有所不同：课程不是一个目的、手段的线性系统，而是一个不断生成和变化的系统。网络课程不同于一般的课程，它还具有以下特点：

第一，网络课程是一种综合的体系。普通教育的课程内容，侧重于一些基本科学知识和能力，即彼此间是有联系的，能被一定年龄的学习者所理解的，并能被学习者所掌握的主要的自然和科学知识，以及在此基础上建立起来的相应能力。这些知识和能力带有普遍性，即不管学习者今后参加什么样的社会实践，这些知识和能力都能发挥作用。相较于普通教育的课程而言，网络课程更有针对性，它不可能像普通教育那样进行系统、深入而连续的具有普适性的课程设置。网络教育倡导减少学科的边界，强调全面性，提倡适应成年人学习需求的创新教育方式，也就是有意识地采用两种或更多学科的理念和技巧来研究和探索同一核心主题或问题。网络教育从日常生活出发，打破了传统的以科目为核心和边界的教学模式。在日常生活中，我们经常会遇到各种实际问题，这些问题的知识并非仅仅来自于特定的学科领域，而是需要运用多个学科的知识。网络课程的内容，无论是在技术上还是在理论上，都是以研究的具体问题或主题为基础，通过这些问题或主题来整合各个学科的知识。在制定网络课程时，应当挑选真实的问题或主题，以多学科的知识融合或对特定学科知识的深度理解作为起始点。网络课程并非通过取消现实生活中的教学环境和课题研究来取代传统的教学方式，而是让课程内容和社会生活实践产生相互影响的关联，对内容进行筛选和整合，教师不能仅仅将"融合"理解为"相加"的概念。

第二，网络课程的内容具有社会经验性。在基本统一的培养质量的要求下，网络课程的内容要根据学习者的实际情况，如职业类别、已有的知识和经验水平而有所变动。换句话说，在网络教育的内容架构里，知识并非唯一的元素，网络教育也需要关注学生的个人体验和社会经历。实际生活和生活经历才是网络教育的主要素材，网络教育不能脱离现实生活，即便是学生从客观世界中获取的理解，也需要与他们的个人经历相融合，才能产生真正的价值。网络课程的内容必须强调为实践服务，即网络课程内容的确定，要着眼于所学知识能够在实践中应用，同时还要注重实践能力的培养，使学习者通过学习后掌握直接参与社会实践所必需的技能。与实践相结合，还意味着网络课程可以直接以技能实际操作等形式出现，这种网络课程在一些岗位培训，职前、职后教育等成人教育中经常出现。每个人都拥有独特的知识和经验，并且会持续地将这些知识和经验融合在一起去理解事物。如何让网络课程的内容真正适合学习者，关键在于网络课程的内容必须与学习者所处的实际环境相匹配。

第三，网络课程的目标和过程具有整合性。很多课程定义是在课程作为教学过程之前设定的目标或预期结果。考虑到现代远程大学的标准，网络课程的价值观具备其独一无二的特点，这应当基于课程本质的特点来确立，并且需要对网络课程的价值进行再次认定。网络课程在推动个人成长方面具有突出作用，它着重关注了个人如何理解和创造知识，并且，其主要目标还在于推动学习者的身心成长。在设立网络教育的目标框架时，可以清晰地看到，知识的实际价值并非完全取决于网络教育的所有内容，反之，作为一种独立且实质的文化形态，其意义远超对已经掌握的知识和文化的继续，更多的是通过网络教育的媒介，充分利用其创新的特质，推动学习者的个人发展与提升。

第四，网络课程具有生成性。网络课程的过程属性意味着网络课程不是已经预设好的，而是一个展开的过程，是学习者获得体验的历程。学习活动由此成为创造生命意义的动态地，而并非仅仅是单纯的认识活动。普通教育的周期较长，因此课程内容要求一个相对稳定，由最基本的各学科组成的从低到高、循序渐进的知识网。而网络课程必须及时地、迅速地把新的、先进的课程内容补充进来。特别是在现代化的社会中，学习者作为现实变革的直接参与者，不可能按照普通教育的周期去学习知识，即慢条斯理地学习比较陈旧的课程知识和科学技术。网络课程必须敏锐地反映现代行业发展与职业发展的新成果、新技能，不断更新，以保持先进性。网络课程的生成，主要取决于教师尤其是学习者对课程内容的解读和把握。随着社会文化的转型和科技的发展，网络课程的内容应不断充实、更新，这就体现出网络课程具有生成性。

第二节　网络课程的核心要素

在线学习以网络课程为主要载体。网络课程的内容一部分来源于已有的纸质教材，还有一部分要根据网络课程的目标进行设计。纸质教材对于网络课程的设计起着非常重要的作用，但网络课程又不完全等同于纸质教材，网络课程不应成为纸质教材的一个翻版或复本，而应具有其特征和组成要素。

网络课程的核心要素包括：教学设计、教学资源、学习活动、学习支持与学习评价。

一、教学设计

网络课程的核心在于教学设计，即对学习目标、学习流程以及评估的有效规划。这是影响网络课程品质的重要因素，也是网络课程与常规网络软件不同的独特方面。它的职责就是根据学生的个性和需求，以及学习内容的真实状态，遵循教育和学习的原则，充分利用技术的优势，恰到好处、适时地运用各类技术，以提供网络课程所需的服务。一个高品质的在线教育应当能够依据专业性和学生的水平来设定教学目标；依照教学目标和实用型人才的培养需求来挑选教学内容，创建教学资源；以学生为核心来策划教学活动；适当地采用多种教学评估手段。

二、教学资源

教学资源是指已经被实体化的教学素材，它们是学习者主要的学习目标。在狭义上，教学资源是指已经被实体化的网络学习素材和教科书、教学参考资料等。然而，从更广泛的角度来看，教师提供的在线学习素材、教师与学生的在线互动素材、辅导答疑素材，甚至是可以自行在线获取的学习素材都被视为教学资源。教学资源的丰富性、生动性和多样性，以及恰当的媒体展示方式，不仅能确保学习者获取知识，还能激发他们的学习兴趣。网络课程教学资源建设，首先应运用适当的、合理的媒体与技术，并遵循相关标准。同时，应依据课程内容的特点来选择相应的呈现形式，并使之符合多媒体教学的基本原则和学习者的倾向。目前，教学资源的形式主要以文本、图片、音频、视频、动画为主。另外，网络课程教学资源建设还可以提供多种可选的学习资源载体形式,建设多种媒体有机结合的立体化教材等。

三、学习活动

在进行远程教育时，除了需要拥有相应的学习资源，也需要指导学员进行学习。精心策划的学习活动,可以促进学生学习的进行并增强其效益。一个全面的学习行为应包含以下几个要素：明确的学习目标、明确的学习任务、执行每个学习任务的流程、所需的学习材料、所需的学习设备、相关的辅助服务以及进行的学习评估。在规划网络教学的过程中，我们需要将达成教学目标视为首要任务，并且要构建出教师与学生之间的互动环节,同时也要让学习者能够自主学习。需要特别关注如何进行课程指导（如在线学习指南、教学引导短片、首次授课见面会、学习风格的调查与反馈等）、自我学习、团队学习、课程辅助（如讨论类、答疑类等）、学习表现的评估（如自我测试、完成任务、考试、电子档案袋、学习表现等）等各种方面的策划，唤醒学生的自我驱动力与热情，指导他们的学习方式，并且对在线教育的学习流程进行管理。

四、学习支持

为了让学生能够高效地独立学习,网络教育应该给予他们特别的学习指南，例如引路、解惑、回应等，这也是一个重要的组成部分。对于那些在线学习的人，这样的指南可以帮助他们维护积极的学习热情和坚实的学习决心，以便他们能够战胜学习的困难，并且顺利地完成学业。鉴于网络学习以及网络学习参与者的个体差异，他们在学习的旅途中有可能会遭遇孤寂、迷茫，学术知识的匮乏，以及无法与老师或同伴进行有效的对话，还有可能遭遇职业生涯和学术研究之间的冲突等多种情况。因此，教师需要持续地从各个角度进行监管，鼓舞学生，施以援手，以便给予学生包括学术层次和非学术层次的全面辅导。经验证明，对于学生来说，辅导是至关重要的，因为它直接影响着远程教育的成败。通常，在线教育的学习援助涵盖了学习流程的追踪和记录、学习回馈、课后解惑等。

五、学习评价

学习评价在网络课程中是基于学习目标，利用所有有效的技术工具，对学习过程和成果进行评估、测量，并做出价值判断的过程。评价在教学过程中是必不可少的一环，根据目标的差异，评价通常可以分为形成性评价和总结性评价两种类型。

形成性评价的目的是激发和提升学习者的学习热忱，它给学习者提供他们在学习过程中的进步和发展的标识。总结性评价则是用来对学习者的成就进行评估和记录。

国内外实践经验证明，形成性评价在远程教育领域得到了广泛运用，对于推动学习发展具有至关重要的影响。在学习评估过程中，课程和教学评估扮演着至关重要的角色。评估课程和教学评估应该首先确定评估的目标，并且遵守关注学习流程、评估内容丰富、评估方法多元、评估工具网络化以及人性化相结合等准则。对学生来说，考试的方式和内容也应该适合他们的学习特点。课程与教学评价是对课程与教学基本功能的实现程度作出判断的过程，是对课程与教学活动的质量或效果所进行的测量、分析和评定[①]。

20世纪三四十年代以后，受美国当代课程专家泰勒（Tyler）等人的影响，评价被认为是确认目标和表现之间的吻合程度[②]。

20世纪80年代以后，在学习领域中，评价观念首先发生了变化。人们逐渐理解，学习的品质不只体现在学习成果上，同时也体现在学习的过程中，学习者的学习动力、实施的策略以及所获得的成果是三者并存的。课程和教育评估不只要看学习的成果，更要重视学习的心理驱动力和方法。课程与教学评价包括学习者学习成果的评价与网络课程的评价。学习成果评价是对学习者学习进展和行为变化的过程及结果的评价，一般分为准备、实施和反馈三个阶段，这三个阶段都需要运用相应的评价方法和措施。课程评价是以具体的课程为对象，以判断课程的价值及其功能为目的的实践活动。

（一）学习者学习成果评价的特征

1. 质性评价逐渐统整量化评价

现代教育评价在20世纪初的兴起以科学技术的飞速发展为背景，因此，学习者学习评价作为现代教育评价的重要内容，自产生之日起就以科学所崇尚的客观、量化为标志。同时，对科学的崇拜导致人们认为量化就是客观、严谨、有效的代名词。我们必须承认，数量具有准确、简明等特点，人们运用现代科技所提供的统计工具加以处理，可以减少人主观推断的失误。因此，量化评价只是简化了复杂的学习者发展或仅评价了考试分数，这不仅无法确保其客观性，还经常忽视了学习者学习成就中最重要的部分，从而使得学习者的生动活泼特质被抽象为一系列冷漠的数字。学习

---

① 李森，陈晓端. 课程与教学论［M］. 北京：北京师范大学出版社，2015.
② 瞿葆奎. 教育学文集·教育评价［M］. 北京：人民教育出版社，1989.

者的全面成长和提升被简化为数字,学习者的复杂性和学习的多样性被忽视。在对成人教育课程改革运动进行深入反思后,传统的评价方法也遭受了剧烈冲击,关于评价的新理论和新模式逐步转变。传统的评价方法起源于一直占据主导地位的实验或心理测量方法,其适用范围相对较小,无法应对复杂的问题。

20世纪60年代后期,人们开始对这种评价方式进行反思,质性评价方法在社会科学研究中不断完善;20世纪70年代起,又相继出现了叙事性评价、回应性评价等质性评价方法。采用新的、文化人类学的研究方法,并不仅仅是为了衡量预期的教育成果,而是要对整个计划进行全面且深入的探讨,包括前提假设、理论推导,对执行效果以及难题的探讨等。

质性研究范式由此推广开来,并开创了一代新的评价理念。这种评价理念是建立在对传统评价观念批判的基础上的,认为评价在本质上是一种通过"协商"而形成的"心理建构"。质性评价是利用自然的研究,深入、详尽地展示和阐释评价主体的多样属性,以突显其价值,推动理解。这样的评价方法的产生并非完全否认量化评价,事实上,它根本上没有抵制量化评价,反倒是将它融入评价的内部,从而在合适的评价主题和环境下,仍能采取量化的手段来评价学生的学业表现。

2. 注重情景性和真实性

学习者对课程内容的认知和学习与课程内容发生的情景具有密切的联系。因此,现代认知心理学和学习理论都强调学习的情景性和真实性。这种趋势同样反映在学习者学习成果的评价之中。当前,人们逐渐认识到传统学习者学习成果评价中那些孤立的问题或测验条目缺乏同真实生活的联系,学习者在这类评价中所取得的分数对他们未来在现实生活中的表现及发展很少具有预见价值。学习成果评价的真正价值,不仅应该关注学习者在学习情景中的表现，也应该重视学习者在工作情景中的表现，强调学习者有效解决生活、工作情景中真实问题的能力。因此，学习者学习成果评价的设计要具有情景性和真实性，以培养学习者对现实生活的领悟能力、解释能力和创造能力。这已成为成人学习者学习成果评价改革的一个重要特征。

3. 强调学习者解决问题的过程及结论

在传统的评价方式中，特别是一些被称为客观性测试的题目，例如选择题、填空题和判断题，通常只要求学生提供问题的答案，而对于学生如何获取答案的过程并没有设定任何要求。这就导致了学生获得的推理过程、思考特性、证据运用和假设等对学习者发展而言至关重要的因素都被摒弃于学习者学习成果评价之外。这种做法会带来一些问题：缺少对思维过程的评价，会导致学习者对思维过程的忽视；只关注问题的结论，不仅会导致学习者在知识探究中形成一些似是而非的认识和习惯，不利于学习者良好思维品质的形成，而且会限制学习者对思维乐趣的深刻体验，进而抑制学习者解决问题的灵活性和创造性。同时，这种评价方式也使得教师开展针对性活动失去了良好的依据。因此，学习成果评价的发展趋势应当是：评价设计要使学习者在解决问题时充分展现搜集资料、推理、判断并作出结论的完整过程。

（二）网络课程评价的特征

1. 走向多元的课程评价

网络课程评价体系要展示出一种多样性的核心特质，这种特质应当在整个评价系统的每一个环节都能看到。

首先，注重价值观的多样性。课程评价实际上是一个对价值进行判断的过程，而价值的衡量通常会受到文化的影响，因此，应该对网络课程评价保持一种多元化的价值观。核心的课程评价价值取向是基于一种特定的价值观，这种价值观决定了评价的具体策略和方式。评价的价值取向主要有三种：目标导向、过程导向、主体导向。

其次，课程评价的参与者多样化。这种多样性表明评价参与者的行为不再仅限于技术层面，而是为了进一步提升课程的合理性和质量。课程评价的核心不只是课程政策制定者、教育管理人员、课程专家，更关键的是，作为课程实践的教师和学生，以及作为课程参与者的相关人员等都应该是课程评价的主体。

2. 走向多样的课程评价

从课程评价的内容来看，网络课程评价强调从多个角度进行全面评价，包括两个核心部分，也就是静态评价和动态评价。首先，课程评价需要对课程计划、课程文本和课程方案进行审查，以确定其合理性和有效性，这是课程评价的静态部分；其次，课程评价还需要对课程设计、课程实施等课程实践情况进行检查，这也是与教学评价相结合的一部分，这是课程评价的动态部分。在评价网络课程时，不仅关注课程对学生学业的影响，也关注学生个人发展的其他因素，例如创新思维、积极的学习态度、问题分析和解决能力、正确的人生观和价值观等；在课程评价的形式上，网络课程评价并不排斥传统的测验和测量，但不把它们作为课程评价的唯一手段，开卷测试、问卷调查、小组互评、自我反思等评价方式都被不同程度地发展为网络课程评价的有效手段。从评价标准来看，齐整划一的量化评价标准也已经被关注学习者个体差异的自我参照标准所取代，使教育评价真正服务于每一个个体的全面发展。

3. 走向质性的课程评价

质性评价并不遵循普遍规律。其目标是理解课程的质量规定，通过对课程进行深入和详尽的分析，从参与者的视角来阐述课程的价值和特性。课程评价的目的是提高课程规划的效率，让每一个参与者都能从中受益。因此，质性评价主张：知识并非绝对的，而是相对的，我们只能对知识进行大致的描述和价值判断。质性评价并不强调在评价初期就开始对评价的问题做出理论假设，这些假设可以在评价过程中产生，也可以随着评价的推进而改变。因此，从根本上讲，质性评价是一个由底层向顶层的总结过程。这个过程由所有参与课程测试和理解课程评价流程的个体（例如教师、学生、专家等）共享参与，是一个连贯的过程。评价员也是推动者，激发参与者对课程主题的探讨和交流，同时进行策划、信息搜集、剖析、阐述并澄清一些理念，例如教育的目的、知识的根源、教育环境的意义等。

第三节 网络课程的开发与设计

一、网络课程的开发要求

根据网络课程的定义，我们能够明确：它与常规的多媒体教育工具有所区别，它是学生通过互联网进行远程学习的教材，是通过互联网呈现的某个有关于学科教学主题以及执行的教学活动的总和。具体来看，网络课程主要包含两个部分：一是教育内容，此教育内容需要按照特定的教育目标以及策略来进行编排；二是支持环境，网络教育的支持环境主要包括可以支撑网络教育的软件设施、用于支持网络教育的教育资源以及在网络教育平台上所进行的教学活动。

在制定网络课程时，必须考虑到远程教育的独特性，并且必须遵循《现代远程教育资源建设技术规范》，以此来激发学生的学习热情和主动性。

以下是具体的要求。

（一）注重教学目标、教学对象及教学内容分析

我们之所以开设网络课程，主要目的在于让各种层次的学习者，不管是初学者还是有一定专业基础的学习者，都能在网络课程中找到与自身学习基础相匹配的、与自身需求相吻合的专业知识。鉴于此，我们在对网络课程进行设计的时候应该从这一点出发，要保证所设计的网络课程的内容具备科学性，同时还要具备系统性，要包含前沿的知识，也要体现网络课程的生动和灵活。

（二）体现"以学习者为中心"的建构主义教学思想

在策划、设计和制作教学内容时，需要重视创建学习环境，强调"环境"在学习过程中的关键性。同时，也需要对信息资源进行设计，保证各种信息资源可以为"学习"服务，支持"学习"，以学习者为中心。除此之外，我们应该重点设计自主学习，让学习者可以在网络学习中提高自主学习的能力，同时，还要强调"协作学习"的方式，并且要重视基于网络的教学策略设计。

（三）内容设计符合学生认知心理

学习的主题应与各类课程的深层次逻辑相一致，而且其编排策略应使学习者可以全面理解课程的架构。学习网络课程的学生，除了需要理解并熟悉相关的学科知识外，还需学习利用所学的技巧来处理现实中的问题。因此，需要在制定课程主题、安排教学活动、鼓励学生自我学习以及创建基础的学习环境时，应充分考虑学生的个人成长，并着重提升他们的问题分析和处理能力。

（四）充分体现网络课程教学的特点

网络课程的互动性有助于引发学生的学习热情，因此，教学课件不仅要提供学生所需的知识，还要能够即时地对学生的学习行为进行反馈，并且为师生之间的讨论创造环境。

设计者要通过运用多样化的教育方法来规划课程内容，以最大限度地激发学生的学习热情和主动性，这有助于提升他们的创新才能。

二、网络课程开发的意义

伴随着科技的快速发展，现代化的教育工具，如计算机网络，已经被普遍采纳，它们有助于培育 21 世纪的创新型人才，并且能够有效地推动大规模的职业培训。然而，网络教育的发展，依赖众多高质量的网络课程。因此，研究网络课程的意义在于以下几个方面。

（一）实现教育信息化的需要

信息科技发展使现代远程教育应运而生。推动现代远程教育的进步，打造一个全面的在线学习环境，这是信息化教育的一项关键职责。为顺应全球教育发展趋势，我们需要充分利用现有的教育资源，策划和研发众多高质量的网络课程。

（二）改革课程教学模式的需要

当今世界，科技的发展日新月异。教育在社会的发展中也产生了新的变化，我国教育还存在教育理念不够先进、教育体系不够系统、教育结构不够完善、教学内容和教学方式相对来说不够先进等问题。鉴于此，我们应该对传统的教学模式和教学方法进行改革，在教育中积极引用多媒体技术，积极将网络通信技术应用到教育教学中，只有这样，我们才能变革教学模式、创新教学方法。

（三）培养创新人才的需要

培育创新型人才，必须借助现代科技工具。网络课程因其丰富的学习资源、便捷的操作和强大的交互性，不仅能激发学习者的学习热情，还能培养他们的创新思维和求异思维，有助于提高他们的实践操作能力。

三、网络课程的设计内涵

关于课程设计的基本元素，美国学者奥恩斯坦（Omstein）提出，它主要包括：目标、通用目标或特定目标；教育领域；教育经历和评价方法。这些要素的性质以及在课程计划中组织这些要素的方法构成了我们所称的课程设计[1]。而我国课程论学者江山野在简明国际教育百科全书《课程》一书中阐述课程组织时认为，课程组织是将构成教育系统或课程的要素加以安排和联系的方式，这些要素包括：教学计划，教学方案，学习材料，学校器材、设备，以及评价体系的要求等。

而社会、家庭对学校的支持，学习者的兴趣、能力以及教师的风格等因素，虽然不是很明显但同样很重要[2]。可见，对于课程设计的构成要素有哪些这个问题，人们所处的角度不同，观点也不一致。

（一）网络课程的构成要素

一般来说，课程是由人们广泛同意的五个要素构成的：对学习者、社会的假定所组成的框架；宗旨和目标；学科内容及其选择、范围和顺序；执行模式，如方法论和学习模式；评价[3]。根据这一观点，网络课程的构

---

[1] 李子建，黄显华. 课程：范式，取向和设计 [M]. 香港：中文大学出版社，1994.

[2] 江山野. 课程 [M]. 北京：教育科学出版社，1991.

[3] 同[2]。

成要素至少应该包含以下几个方面：

第一，成人学习者。从成人教育学的视角出发，成人学习者这一要素是区别于普通教育学的核心要素。成人学习者在学习动机、学习特点和学习规律方面与普通教育学中的青少年和儿童有很大的区别。对于成人学习者，从认知的角度分析，主客体之间不是改造与被改造、征服与被征服的二元对立关系。从心理学层面看，知识虽然是前人所研究的成果的积累，但对于成人学习者而言，它只是主体建构活动的结果。因此，成人学习者并不是被动接受知识的容器，而是一个主动建构的主体。

第二，网络课程的目标。网络课程的目标不是外在的预设性的行为目标，而是内在的生成性目标，网络课程所追求的是成人学习者在课程学习的过程中根据自身的知识背景和经验去建构意义。因此，网络课程目标和课程内容之间并不是一种逻辑的线性关系，网络课程目标只是大致的方向，而不是具体的行为指标。

第三，网络课程的内容。这是网络课程设计的核心要素，网络课程的内容虽然没有放弃知识这个基本的组成部分，但它并不强调以学科作为知识的分界线，而以现实或模拟真实情景中的问题或主题为线索，这些知识结合了成人学习者的直接经验，融合了理性因素和非理性因素。

第四，网络课程的实施。执行课程是课程计划的实施过程，也是达成课程目标的必要路径。

第五，网络课程的评价。网络课程的评价是网络课程的构成要素中很容易被忽视的要素。网络课程评价是网络课程方案实行的最后环节，却是网络课程方案改进的第一个环节。网络课程评价将为网络课程方案的进一步修订和完善提供依据支持。

（二）网络课程设计的构成要素

课程的构成要素和课程设计的构成要素并不相同。如前所述，课程设计是一个动词，是一种复杂的课程行为。课程设计需要考虑课程要素，但又不能仅仅考虑课程要素，同时也要考虑组织课程要素的方法与策略。

随着科技理性的不断飞速发展，人们逐渐认识到目标设计模式所具有的自身难以克服的弊端。这一模式就如同编制一张详细的行为目标表，将课程目标、课程内容和课程实施之间进行一一对应。

美国课程专家施瓦布（Schwab）对经典的泰勒原理提出质疑，并创造了一个植根于实践的课程开发理论。施瓦布认为，课程是由教师、学习者、教材和环境四个要素构成的，这四个要素之间持续地相互作用就构成了实践课程的基本内涵，它们之间的交互作用形成了一个有机的"生态系统"，并且需要时刻保持四个要素之间的动态平衡。对教师、学习者、教材或环境的某一个方面关注过多或过少，都会打破班级或其他教育情景的"生态平衡"[1]。与目标设计模式相比，实践开发模式充分尊重了教师与学习者在课程开发中的主体地位。这种模式认为，课程开发的过程并非教师对学习者的控制过程，而是通过课程的四个要素之间的相互作用以及课程集体的审议而达到课程决策的民主性和一致性的过程。可见，不管是目标设计模式，还是集体审议的实践开发模式，课程设计的基本要素都包括课程的基本要素和课程设计的指导原则、课程设计的方法策略，以及对课程方案的反馈。

四、网络课程的设计原则

考察网络课程设计原则的过程,即是澄清网络课程设计所要遵循的一

---

① 张华. 课程与教学论［M］. 上海：上海教育出版社，2001.

些基本理念和规范的过程。课程设计从表面上看是一种技术行为，但它无疑要受到课程哲学的指导，还要受到方法论、人性观等因素的影响。任何一种课程流派的课程设计背后都暗含了对课程的基本态度，网络课程设计也是如此，应遵循以下设计原则。

（一）情景性原则

美国学者杜威（Dewey）在芝加哥大学的实验学校中，将他关于儿童与课程的信念投入课程实践中，在他的课程设计中很清楚地显示出学习者的经验与作为学科科目内容而被学习者学习的人类集体经验之间的关键联系[①]。情景性原则在课程设计中的应用可以追溯到进步主义课程的主张。网络教育学的课程设计同样奉行情景性原则。和进步主义相同的是，网络教育学的课程设计也认为学习者通过在真实的场景中亲身体验而获得的知识更容易与实际生活相结合，也更具实用性。但这并不能说明网络教育课程设计的情景性原则和进步主义是一致的。进步主义以杜威的实用哲学为基础，课程设计的情景性是为了实现"教育即生活"的理念，这里的"情景"指的是现实生活中实实在在的真实场景。而网络教育课程设计中的情景性包含两层含义：第一层含义是指课程内容的情景性，意思是在设计课程时，与传统的学科结构模式不同，而是以问题或主题等非结构性的形式出现，在真实或模拟真实的情景中呈现。第二层含义是指课程内容在一定的情景中实施，即在进行教学活动时设置一定的情景，学习者在这种情景中能更有效地掌握课程知识并进行建构。

需要说明的是，网络课程设计的情景性来自对知识情景性的理解。人们普遍认同，知识的存在与所处的环境、价值观以及理论框架等文化元素密切相关。知识的含义不只需要通过其本身的阐释来揭示，更需要通过所

---

① （美）Leigh Chiarelott 著；杨明全译. 情境中的课程：课程与教学设计［M］. 北京：中国轻工业出版社，2007.

处的全面意义系统来传递，并且只有在特定的实际场景下才能发挥作用，因而网络教学设计特别注重知识的实际应用。因此，网络课程设计的情景性强调的是在课程内容实施的过程中应该充分重视个体的主体性，提升教学的生命意义，而并不是否定科学知识和间接经验。

（二）均衡性原则

均衡性原则是指在设计课程时，教师需要依据课程各个元素的比例进行适当的布局，以防止课程结构失衡。大多数课程理论都比较重视课程设计的均衡性，美国学者奥列弗（Oliver）列出了一组切入点，这些切入点能给如何达到课程均衡性提供引导[①]。

（1）关于儿童的课程以及学术的课程；

（2）满足个体及社群的需求；

（3）兼顾一般教育及专门教育的需求；

（4）融合了传统知识点及创新知识点；

（5）针对某些独特的学习模式及其所需的知识；

（6）各种教学手段及其所积累的教育经历；

（7）关于学习及休闲活动；

（8）以及以此为基础的社群及学院。

这些切入点为课程设计的均衡性提供了有效的建议。认真观察这些切入点，我们可以发现课程设计的均衡性实际上就是在几个要素之间寻找平衡点，即社会需要与个人需要、知识与经验、间接经验（教材知识）与直接经验（个体经验）之间的平衡。在进行课程设计时，我们还应充分考虑这些不同的要素在课程内容上的比例。和其他许多课程理论流派一样，在成人教育的视野下，人们对课程内容的某些要素也许会比较注重，但任何

---

① 艾伦·C. 奥恩斯坦，费郎西斯·P. 汉金斯著；柯森主译. 课程：基础、原理和问题［M］. 南京：江苏教育出版社，2002.

一个课程理论流派都不会将其中的某些要素强调到极端,而是充分发挥各要素在课程内容中的积极作用以相互补充。

（三）整合性原则

网络课程的整合涵盖两个层面：首先,它涉及知识的整合,即依据特定的联结点对传统学科知识进行再次整合,旨在消除学科之间的边界。虽然知识的逻辑结构很关键,但网络教育的设计倡导在不同学科框架中的知识整合,突破学科的障碍,协助学生理解全面的世界,从而培养他们灵活综合应用知识的能力和解决实际问题的技巧。其次,关于知识和实践的整合,课程教育应该侧重于直观的体验,还是更多地依赖于间接的经历,这一直是课程规划过程中一个持续存在的难题。在成人教育学的视野下,网络课程设计主张将知识与经验进行整合,首先是将课程置于特定的情景之中,课程内容的选择来源于实际生活中所要面临的真实问题,这样一来可以使学习者在探究过程中获得真实的体验,并促使学习者的非理性因素（如情感、意志、态度等）得到不断发展；其次,成人教育课程在进行方案设计时,间接经验（教材知识）渗透在问题或主题之中,学习者在解决问题或对主题进行探究的过程中需要应用到不同学科领域的知识,成人教育课程通过整合的方式将知识与经验进行有机结合。

（四）开放性原则

有学者认为,课程设计的开放性原则主要表现在三个方面：一是心胸开放,能理解和接纳与自己相左的观点；二是权利开放,不独占课程开发大权；三是内容开放,供使用者自行选择与组合[1]。网络教育课程设计所遵循的开放性原则主要体现在以下几点：

---

① 黄光雄、杨龙立. 课程设计：理念与实作 [M]. 台北：师大书苑有限公司, 2000.

一是设计者的开放性。设计者的开放性主要包含两层含义：其一是设计者的组成具有开放性。课程开发主体不仅是数量上的群体，更重要的是应该来自社会的各个领域。网络教育课程设计主张在课程设计主体的选择上要做到将不同领域的人员组合在一起，这样就可以考虑到课程的不同层面。其二是课程设计者自身具有开放性。在教学设计师进行教学设计的过程中，除了坚守自身的教学观点外，还需要积极倾听他人的建议。唯有教学设计者们的协同努力，才能将各类不同的教学思想融为一体，从而使教学设计更具逻辑性。

二是设计流程的开放性。这个开放性意味着，课程设计是一个公开的过程。在成人教育的课程设计中，我们倡导的不是一个封闭的系统，而是一个开放的、动态的系统。在网络教育的课程设计中，我们需要对所有的课程参与者提供服务，并且需要根据他们的反馈来进行持续的修正和补充。

（五）现实性原则

学术理性主义的课程设计注重知识的逻辑性、系统性，它远离学习者的实际生活和社会现实。这种远离实际生活的课程设计将学习者的生活定格在已经预设好的学科教材上，课堂教学过程缺乏现实感，缺少生命价值和生活意义。成人教育课程设计要站在生活世界的立场上对学术理性主义进行反思，所关心的应当是知识的理解和意义的建构，生活世界才是构成学习者各种认识素材的主要来源。学习者在客观世界中所获取的认识必须根植于现实生活，所学的科学知识不能脱离学习者的生活实际。现实生活才是学习者建立其价值观念、确立其人生信念的基础，如果学习者所学的知识脱离了现实生活，他们对世界、生活及人生的真切认识便无法形成。因此，网络教育课程设计要从现实生活出发，紧密联系学习者的生产生活实际并为现实生产生活服务。课程设计应从道德、理性、审美等方面重建学习者的精神世界,使现实生活与未来生活、科学世界与生活世界相结合,注重感悟、体验、认知等生活形式的统一,通过课程设计真正赋予学习者以生命价值和生活意义,把学习者培养成"三主体",即社会活动的主体、个体生活的主体、学习活动的主体。在设计网络教育课程时,需要注重学生个性的均衡发展,同时也要培养他们的批判思维、独立意识、探索精神、创新能力和责任感。应尊重学生的个体差异,充分利用他们的主动性和自主性,以培养他们形成优秀的个性特质。鉴于网络教育的特殊性,成人教育课程不再仅仅是对社会文化的简单复制和培养符合社会需求的工具,而是要塑造具有完整人格的独立个体;课程也不再仅仅是这种工具的"模板",而是成为推动人的个性全面发展的"蓝图"。课程设计的价值观越来越强调人文关怀,这不仅满足了学习者个体成长的需求,也是社会发展的体现。我们将科学主义课程与人本主义课程进行整合形成了科学人文性课程,该课程的基础是科学,其宗旨在于对个体的完善和解放,对学习者的人文素质与科学素质的统一非常强调,同时还强调作为科学工作者应该实现科学精神、人文精神以及知识这三者的融合与统一,积极倡导"科学的人道主义",致力于追求"学会关心""学会生存""学会尊重""学会共同生活""学会理解与宽容"和"学会创造"。在活动中让学生快乐、活泼地成长是"活动教育"的宗旨。

要注意,学生的行为并非仅仅是他们的身体动作,更关键的是他们的思维活动。在课堂教学中,我们应该以学生为中心,鼓励他们积极参与到教学过程中。所谓的参与,就是让他们积极思考,融入教学过程。

第四节 高校外语教学对网络课程的应用

随着互联网技术的不断发展,教育领域正努力进行革新。本节主要分析新时代背景下的高校外语网络直播教学模式。

网络直播教学模式的出现是信息技术与现代化教育融合的必然结果。网络直播教学虽与传统线下教学相比有一定优势，但师生在实践过程中仍然存在一系列不容忽视的问题。基于高校线下外语教学特点，深刻剖析高校外语网络直播教学模式所面临的困境，探究最佳的外语网络直播教学模式，以期为高校教育教学方式的改革和创新提供可行性建议。

科技发展是高等教育改革与发展的外在动力，高等教育网络化发展已经成为主体趋势，高校网络化教学体系的构建，已经成为现代高等教育发展的重要标志。教师们对于网络直播教学模式在互联网平台上的应用越来越感兴趣，这种方法对于提升外语教学的效果具有越来越大的影响。虽然网络直播教学模式相较于传统的"面对面"教学方法具备一些优点，但是在实际的教学过程中，它也会遇到一些问题和挑战，这些都需要我们给予足够的关注。在互联网教育环境中，网络直播教学模式的评价并不统一。因此，我们需要深度研究大学外语网络直播教学模式在当前新时代的背景下出现的一些不足和问题，在不断探索与实践中找到相应的解决办法，探寻最优的教学方法，并且对于外语教学创新与改革提出建议，对于教学信息化发展提供策略。

一、高校网络直播课程教学模式

当前大规模直播教学背景下，高校外语教学出现了一些课堂生态失衡的现象。作者从教育生态学视角出发，阐释外语生态课堂的内涵意义，分析在线教学过程中创建生态课堂的必要性，并提出智慧学习环境下生态课堂的构建途径，从具有生态化特色的师生关系、教学内容、教学环境和教学评价等多角度探索构建直播教学模式下的高校外语生态课堂。

（一）高校开展外语生态课堂教学的必要性

1. 生态课堂的内涵

沃勒是美国著名的教育学家，他在 1932 年出版了一本名为《教育社会学》的书籍，在该书中首次提出生态课堂（ecology of classroom）这一概念，之后一些学者在此基础上进一步提出了教育生态系统的概念。

如今教育生态学是一门新兴的学科，它实现了社会学与心理学的融合，在学术界取得了广泛的赞同。教育生态学主要是指从生态系统的角度出发，从教育生态系统、教育生态位、教育生态平衡等角度，对教育生态系统的特征、功能、发展演化的基本规律进行研究，并且对生态系统内部各个结构与外部环境的相互作用和相互适应性进行研究和分析，同时对优化教育生态结构的路径与方法进行探索的学科。从生态课堂的定义中我们可以看到，它将教室看作一个小型的生态系统，并且非常看重课堂中各个要素之间的良性和健康互动，强调师生关系在这一系统中的重要性，并且对教学效果的各个影响因素进行分析，以此来营造一个和谐的、生态平衡的课堂。从这一角度来看，生态课堂与传统的教学方法相比较，强调教师、学生以及教学环境这三个要素之间的生态融合，并在此基础上形成教学生态的平衡，以保证取得良好的教学效果。教育生态系统具备以下特点：复杂、有机、一致性，其核心的特征为关联性、综合性、均衡性。因此，我们可以说生态课堂环境具有多元性、全局性、共享性、开放性的特点。这种教学模式将学生置于核心位置，重视每一位学生的需求，同时也考虑到他们的个人发展；教师与学生的关系是公正的、平等的，学生们积极地参加课堂活动，主要通过探索式学习来产生深入的知识；而教师则采用多样化的生态评价方法，以推动学生全面成长。

2. 构建生态课堂的必要性

在当前的外语在线教学背景中，如何将移动互联网技术所具备的优势充分发挥出来，构建一个集课程教学、师生交流、自主学习、个性化学习、学习评价于一体的生态课堂是当前教育面临的一个重点难题。生态课堂的构建不仅可以成为实现教育改革中人才培养目标的重要渠道，其自身也具备现实意义，具有重要性。

目前，我国大学外语课堂生态系统存在着诸多问题，在如今大规模的在线直播教学背景下，最突出的就是失衡的互动关系，具体来说，主要表现在两个方面。

首先，课堂生态主体的失衡。课堂生态环境的主要构成者是师生，在这个课堂生态环境中，这二者的存在是互为条件和支持的，并且这二者是相互影响的关系。在线直播教学中，师生之间没有有效的互动，也缺乏相应的监控，这就很容易使得教师与学生在目标和观念上产生混乱，这不利于师生之间的和谐。

其次，在生态课堂中，现代信息技术与课堂环境中的各个要素之间失衡。对于教师而言，教师将传统的教学方式直接转移到在线直播教学中，教师并没有根据网络的特性以及在线课程的特点来对教学内容进行及时的调整和更新；对于学生而言，学生也没有及时转变学习的观念，依旧秉承传统的学习思想，这就导致学生无法与网络教学环境产生良好的互动。在此背景下，对网络智能教学环境下的外语生态课堂的重塑，以实现课堂生态的平衡至关重要，也具有现实意义。

（二）智慧学习环境下的生态课堂构建途径

1. 建立在线环境下健康的师生生态位

教师与学生，作为教育的主要参与者，既是教育资源的创造者也是接收者。在网络课程环境下,师生之间的关系变得更加平等。借助各自的生态角色及其影响力,师生之间的关系保持动态均衡。对于教师来说,他们不再只是单纯的"一言堂"式的知识传递者,而应该明确自己的多样性角色定位。教师在网络教育的背景下的角色定位产生了变化,不仅扮演着知识的传递者,还扮演着课程的管理者和策划者角色,同时还负责创建和开发电子资源。从学生的角度来看,他们更加擅长搜寻信息,以及在学习中运用信息科技,在这一转变下,学生从传统的知识接受者转向了积极参与课堂活动的主动者,成为贡献课程资源以及协同团队的一员。在网络的背景之中,教师与学生的关系变得越来越平等,学习的气氛也变得越来越舒适与融洽。这种情况使老师与学生能够互相尊重对方的角色,从而促进课堂的整合与共享。

2. 构建生态化的教学内容

基于在线直播的教学环境的外语生态化教学,其教学内容并非孤立的、静止的,而是处于不断运动之中的、相互联系的。网络教学的外语生态课程应该秉承教育生态学的动态均衡原则和全局关联原则。这样的教学内容一方面可以培养学生对于语言的综合运用能力,另一方面也可以发展学生的独立思想。在此过程中培养学生的团队合作精神,用先进的教育理念浇灌学生,帮助学生树立正确的价值观,使用先进的学习方法,促使他们养成批判性思维。我们在对教学材料进行选择和设计的时候,应该考虑其动态性和多变性,在教学中应该将学生作为核心。此外,在教学中,教师应该将当前的社会热点问题以及相关的网络教学资源融入其中,以此来为学生开展一场生动的、动态的、有趣味的教学活动。我们还应针对教学资源比如在线优质课程、慕课视频、各种语言学习平台等建立相应的试题库。例如在疫情的背景下,教学内容就可以选取每日国内外的疫情新闻。学生可以在外语新闻阅读和听说训练中提高自身的语言知识能力,还能借此来养成批判性思维，拥有正确的价值观念和培养自身的情感认知。基于此，我们在构建生态化教学内容的时候应该在展现其全面性和动态性的基础上贯彻以学生为中心的理念。

3. 开展生态化的教学评价

在网络教学的情况下，我们需要最大限度地发挥教师、学生、环境等各个生态要素之间的互动，在分析学生学习数据的基础上，在研究在线学习路径的基础上，对学生实施多样化以及生态化的教学评价。比如，形成性评价的各个方面，包括学生的在线学习时间、考核记录、互动效果以及作业的提交状况等，都可以在生态课堂中看到。在这个环境下，教师会指导学生在网络学习社区里完成一连串的与课程主题相关的学习任务，包含口语微任务、创建情境、主题大项目等，以此来从多个方面进行评价。换句话说，我们可以借助大数据的统计功能来进行形成性评估。为了对学生进行全面的评估，可以借助档案袋对学生在各个阶段的学习情况进行整理与记录，档案袋可以对学生自我学习和成长进行科学和准确的记录，还能对学生的自我评价有重要的参考价值，对个人的发展有重要的推动作用。

（三）高校网络直播课程教学模式的特点

1. 打破时空限制

与传统外语专业课堂教学相比，移动教学具有跨时空性、交互性和即时性等特征[①]。网络直播课程是一种随着计算机科技进步而诞生的能够达到信息化教育的教育方式，也是远程教育的一种体现。在没有足够线下教室的情况下，传统面对面的教学方式无法实施。因此，通过网络直播教学，教师和学生可以在家中不受时间和地点的限制，借助信息网络技术来完成

---

① 王群沣. 智能手机在英语专业移动教学中的应用研究［J］. 中国教育信息化，2020（8）：59-61.

日常的教育教学活动，以及进行师生之间的交流活动，这是一种全新的教育教学方式和教育管理方式。

2. 活跃课堂氛围

对于一部分学生而言，在传统的面对面授课中，面对教师的直接提问可能会产生紧张的情绪。因此，在传统的课堂教学中经常会出现学生不主动回答问题的情况，也会出现协同交流讨论不足的问题，这些都阻碍了课程效果的实现。对于多数的外语专业的学生而言，由于害怕在传统的面对面教学中展示他们的外语能力，所以在老师提出一个问题后，他们不愿意积极参与，甚至选择躲避老师的目光，或者悄悄地低下头，这样就导致了他们的交流和讨论并未达到预期的效果。在网络直播教育环境下，教师和学生能够通过互联网平台进行交流，避免了实地授课的压力，使课堂气氛更加舒适和自由。

3. 高效利用课程资源

网络直播的教育方式配备了各种各样的教育资源，使教师能够更高效地授课。相比之下，传统的面对面的教学方式只提供一次听课的机会，如果学生遗漏了某些课堂的重要内容，他们只能在课后寻求同学或老师的帮助来解答问题，这在一定程度上给他人带来了困扰。网络直播教育平台能够在老师授课的同时进行录像，课程结束后，相关的课程录像将在平台上呈现。学生们可以在课后重新审视并理解直播过程中的疑问，这样既不会影响他人，又能帮助他们解决自身的疑虑。在此方法中，学生能够在课后独立地学习和复习，并且能够充分利用课程资源。

二、高校外语网络教学中的混合式教学模式

学生的主导地位随着教育教学方式的改变也出现了改变，在网络教学

中，学生的主导地位得到了加强。作为教师应该积极适应这种全新的教学模式，主动和学生分享外语学习的信息和资源，为了获得更好的教学效果，可以采用混合式的教学方式。在教学的过程中，外语教师应该积极运用混合式教学方式，以便让大学生更自主地学习，提升课程效果。下面以大学外语课程的口译部分为研究对象，进行深入的探讨和论述。

（一）课前准备

我们以外语口译课程为例，师生应该在课程开始之前在手机上下载钉钉 APP，并完成注册，教师应该在该 APP 上设立班级，学生应该凭借自己的班级编号进入平台进行学习。教师需要把预先准备的毕业文件等上传至钉钉平台，以便学生可以获取学习的信息，并对口译相关资料有所了解，从而为口译课程做好充分的准备。一些情况下，外语口译教师应该提前与学生分享口译材料的相关议题，这样方便学生在线下对这些相关的信息进行收集并进行提前理解，这对于之后课堂上所进行的资料分析有积极的作用。

（二）课堂应用

1. 课前签到

在传统的考勤模式中，基本上是教师通过点名的方式来进行考勤的统计，但如今钉钉 APP 的出现对这种传统的考勤模式实现了创新和改变，学生可以定位签到，或者自拍签到。通过这种方式，师生之间虽然不能实现传统的面对面交流与沟通，但是教师也可以对学生的学习进度有所了解和掌握。这样教师就可以迅速完成课堂的考勤，掌握课堂的出勤率，从而就会有更多的时间和精力投身于课堂教学，为学生呈现更加生动和有趣的教学活动。

2. 课上活动

由于钉钉 APP 具备课堂展示功能，因此，口译教师可以借助这一功能来就特定的知识点或者口译所需要注意的细节对学生进行提问或者安排抢答活动。这样紧张和刺激的活动可以激发学生主动思考的能力，调动学生的学习积极性和参与性，教师应该在学生完成回答之后给予相应的积分以作奖励，这样可以实现师生之间的良好、健康互动。

3. 课程讲授

钉钉平台还有一项特别的功能即视频传递，口译教师在对口译材料中的文化知识进行讲解的时候，可以借助这一功能来辅助教学，或者教师在讲解口译部分较为困难的内容和关键部分的时候也可以借助这一功能，通过视频传递方式结合图片和文字的展示，再配合音频的解释，这样学生就能更轻松地理解。此外，这种方法也有助于增强教师和学生之间的交流。如果学生对某些内容有所疑惑，口译教师也能立即给出回应。因为学科的特性，口译课有其独特点，鉴于此，口译笔记应该打上独特的标识。要想学好口译，学生就应该根据自身学习情况和能力，建立起相应的口译记忆标志和习惯。口译教师在对课程进行讲解的时候应该向学生展示教师的口译笔记，让学生有所参照，并实现对口译材料的快速理解和掌握，这对学生口译速度的提高有着积极的推动作用。

（三）课后复习

教师可以提前将口译任务、材料通过钉钉 APP 分发给学生，并鼓励学生提前在线下进行主动练习，并且要求在规定的时间之内在 APP 上提交自己的练习记录。教师对这些练习记录进行评估以此来作为学生的积分或者作为学生的平时成绩。不仅如此，学生间也可以进行相互评价，这有利于互相取长补短，实现交流与进步。口译教师应该对学生的口译音频进行逐个听取，对学生出现的问题和习惯等进行记录，并且将这些及时在作业评价过程中反馈给学生，以此来帮助学生修正错误、弥补不足，实现其自身口译水平的提高。

（四）考试评价

评定学生外语专业口译课程成绩不仅需要进行期末考试，学生的平时表现也是重要的组成部分，这两个部分比例相当，各占一半。学生的平时表现主要由教师来进行评定，基本上根据学生在平时课堂上的表现来进行评分；对于期末考试，通常采用的是三级口译形式，即教师播放口译材料，学生对这些口译材料进行翻译，教师根据学生翻译的质量来对学生进行评分。钉钉 APP 可以将学生的每一个学习步骤及时反馈给教师和学生，基于此，师生可以对学生的口译课程表现有全面的了解和掌控。

（五）师生互评

教师可以在师生互评的环节中对每一个学生的学习情况进行评估，学生在收到教师的反馈之后也可以了解自己在教师眼中的学习情况，以此来指导自己之后的学习。学生可以评价教师的工作和教学，可以给教师提意见，学生的意见和建议有利于教师在之后的口语课程中改善自身的教学方法、提升自身的教学水平，有利于为学生呈现更加优异和高效的口语课程。钉钉 APP 可以很好地满足师生互评需要。

三、高校外语在线教学的创新路径

立足于当前的教学实践，在线语言教育不仅应该在教育内容上进行完善，还应该创新教学方法。

（一）在线教学听力创新

在进行在线教育的时候，一般会选定一个平台，学生可以在这个平台上学习在线课程。如果在线教育仅仅依靠教师的讲解，那么学生就会感到非常无聊，也没有学习的乐趣，因此，教师应该在条件和时间允许的情况下，为学生提供来自同龄人的交流机会，为学生提供一些其他获取信息来源的机会。教育工作者也可以邀请同事一起来建设特色课程。不仅如此，许多机构和团体在新型冠状病毒的影响下会推出免费的网络讨论会，教师可以在这些讨论会中挑选优质的内容推送给学生。这有利于吸引学生的学习兴趣，调动其学习的积极性和主动性。此外，教师也可以在课程目标的指引下给学生布置与网络讨论会相关的听力学习任务。在教育过程中，高校可以采取将平台教育和实地教育相结合的策略，将正规学习和非正规学习相融合，从而使课堂的层次变得丰富多彩。在线教育要选取与听力教科书相关且具有独特性的数码学习资源来促进教师与学生的互动，如在线翻译、动画、电子教案、PPT、音频、视频等方式，都能够被运用到听力教学的各个步骤中。

（二）在线教学写作创新

对于大部分的高校而言，其期中考试和期末考试都包含书面作业，这无疑使学生增加了作业负担。教师在讲授写作课程时可以通过建立博客的形式来实现课程的丰富和多元发展，这种方式有利于调动学生的热情，并且与学生的生活息息相关，撰写博客可以提高学生自身的责任心，也有利于为学生设定真实的目标，还能使学生拥有真实的读者群体，以此激发其创作、写作热情。但是对于一些学生而言，他们更加喜欢使用笔或者纸来进行写作，并不喜欢使用电脑、手机或者平板电脑进行写作活动。针对这一情况，教师应该积极寻求替代策略，比如，可以按照书面作业的格式进行设计，或者让学生用纸记录写作，并完成照片的拍摄，上传给教师。教师应该对学生的写作进行及时查看并给予反馈,对于学生的困扰和问题应该给予及时的解决;如果实在没有办法,可以使用一些如"虚拟写作导师"等自动化的写作评估系统,来帮助教师评估学生的写作,这些评估系统可以对写作的一些基本的拼写问题、标点符号问题等进行识别和检查,可以有效减轻教师的工作负担。在网络虚拟设备的辅助下,教师可以对学生写作中的连贯性和衔接问题进行指导,学生也可以借助这些设备来对自身的写作内容进行检查和完善,对自身的错误进行改正,提高写作技巧和能力。

第四章　视频公开课

视频公开课是最早的互联网知识共享与教育开放产物,它的出现使各国高等教育优质资源打破了校园围墙的束缚,免费向全世界开放,开启了在线教育为社会大众服务的大门。视频公开课是在线教育课程资源的重要组成部分。目前,全球范围内视频公开课的学科领域涵盖面非常广、课程数量庞大,网络获取也十分方便,可满足在线教育的多样性需求。

第一节　视频公开课概论

视频公开课是全球开放共享的优质教育资源,它以视频的形式向人们传达了不同的教学理念、教学方法,展示了名校教师上课的"现场"与个人风采,传播了先进的科学、优秀的文化、实用的技能。下面针对视频公开课的发展、基本概念与特点,视频公开课的主要元素、教学应用模式和国内外视频公开课的主要平台进行概括。

一、视频公开课的概念

迄今为止,学术界对公开课、视频公开课还没有明确的定义。目前,公开课泛指开放课堂。我国学者认为公开课是对授课教师和听课学生以外的人开放的课。简单的理解即"公开课就是对他人公开的课""在公开场合上课、进行教研的一种课型"等。它是主要针对教师、父母和专业人士等特殊群体进行公开的课堂讲解，也是一种让教师展现他们教学能力和分享他们教学经验的教学研究方式。

视频公开课分广义和狭义两种。从广义上来讲，视频公开课是一种公开的、优质的教育资源，主要借助网络媒介来进行传播和共享，主要目的是让更多的人可以在网络平台上享受到全球高质量的教育资源。从狭义上来讲，视频公开课主要指的是由国外一流大学，如哈佛大学、麻省理工学院、耶鲁大学等以及国内一些大学推出的、在网络上公开展示传播的、以教育资源共享为目的的高质量的教学视频和优质的学术讲座视频。

本书所研究的视频公开课指的是狭义的视频公开课，主要包括国内精品视频公开课以及国外名校的学术讲座与视频公开课。与传统的公开课相比，视频公开课有很大的不同，视频公开课并非一种主要针对特定学习者的示范课程，也并非一门问题解决的探索课程，是一种将不同阶层的人作为传播对象的、弘扬文化、调动学习积极性与热情、激发智慧启发思维的学术和知识传播形式。

二、视频公开课的特点

视频公开课并非西方大学的独特创新，也不是网络公司的新产品，而是在网络技术和媒体技术的推动下形成的新型公开课形式。它在质量、内容、形式、主讲人、制作、传播和使用等方面都展现出了新的特性。

一是全球范围内的视频公开课象征着高等教育的顶级水平。高校通过推进高品质的视频公开课的建立，肩负起为社会服务和文化传承创新的重任，激励教师主动投入教学和人才培养中，促进教学理念的转型、教学内容的创新以及教学方法的革新。如今高校成功地打造了一批"知名的教师和课程"，进一步提高了教育教学的品质。

二是传播传统文化，推广科技前沿知识。视频公开课通常包含了具有巨大影响力且覆盖范围广泛的文化修养教育以及学术演讲，特别关注传统文化、科技前沿以及社会焦点等领域。所以，这些视频公开课往往被普罗大众所喜爱，同时也具有深厚的艺术气息。

视频公开课的目标在于促进高校的开放性，并且普遍地宣扬人类的卓越贡献以及现代科技的最新发展，以此来增强大学生以及整个社区的科学文化修养，并且为先进的文化建设作出贡献。

三是形式的稳定性，其优先性超过了内容。原本，形式应该为内容提供支持，国家级优质课程的形式可以有各种各样的选择，然而，视频公开课的形式已经相当稳定，点击观看视频公开课就如同观赏电视节目，所以视频公开课的"形式"优于内容，"形式"的重要性不言而喻。虽然视频公开课的模式与讲座相似，但它们却有所区别。与讲座相比，视频公开课更注重教学的实地感和师生之间的互动；相反，百家讲坛则更倾向于讲座，没有实地交流，每个集合的时长在 30 分钟左右。视频公开课的每次授课时长通常为 30～50 分钟。

四是主讲人无限制，鼓励名家、名师上课。在真实的、师生互动的教学环境中拍摄视频公开课。教师在真实的课堂上授课，面对真实的学生，随时处理真实的教学问题，摄像头全程真实地记录下教学过程。视频公开课的主讲人不要求必须是教授，可以是副教授；不要求有课程组，可以只有一位教师，但鼓励名家、名师上课。

然而，现在的视频公开课仅仅是一种公开的网络视频资源，通常不包含学习活动，大部分都是独立存在的，并且不提供学分和证书。部分视频公开课为求真实地还原课堂氛围，仅是对传统线下教学的简单复制，一般只使用摄像机对课程进行录制，并对视频稍加剪辑就推上网络，缺乏与网络时代相适应的教学创新。此外，国内视频公开课存在教学设计死板、教学方法老套、课程内容陈旧和共享程度低等问题，这些问题成为推广应用的绊脚石，而国外视频公开课在课程内容、教学方式、教师魅力、课程的教学设计等方面具有很大的优势。

三、视频公开课的要素

视频公开课是网络上以视频方式呈现的课堂完整讲课过程，因此，视频公开课具有讲课和视频两大类要素。

（一）讲课要素

视频公开课既然被定位为课，重点是课堂讲课，那么讲课要素就是视频公开课的首要元素。对于讲课要素，要把握好如下几个方面。

1. 教育理念

视频公开课倡导以学生为中心、教师为引领，实施对话、启发和探索的教学方式，注重学习与思考的结合，实现知识与行动的一体化。它强调全面素质教育，将人文素质教育与课程相结合，在培养学生养成正确的科学观和技术观的基础上对其世界观、人生观和价值观进行培养和引导。它强调实践教学，理论与实践相结合，注重能力培养特别是创新能力的培养。

2. 课程设计

视频公开课尽可能地实现知识、思想、趣味和应用的融合。在整体布局上，它需要有必要的铺垫、概括的介绍、概念的阐释、问题的定义、素材的组织、明确的观点、充足的论据以及前后的呼应。在内容构建上，视频公开课需要强调重点，逐步深化，解决难题，并确保结论的准确性。课程开始最好有一两句为概述，之后再逐步展开。高职高专的课程，可以实例为线索、问题为导向，展开序言课，作为整个课程的铺垫。在讲授形式上，多采用案例教学、讨论式教学、情景式教学。

3. 内容讲述

视频公开课的内容讲述要求简明、通俗、准确、清楚、生动、利落，语速要适中、不能过快，避免重复、避免口头禅，适当配合肢体语言。

4. 师生互动

师生互动在视频公开课中应该包含三个环节：一是教师发问；二是学生回答；三是教师因势利导。教师应该根据课堂的具体情况来适当增加讨论的环节。教师的发问具体可以分为以下几种类型：设问、提问、自由问。学生对此的回答可以是上台答、举手答、自答、齐答、纠正和补充回答、形体答。教师应根据情况进行引导，尽可能让学生参与到课堂问答之中，参与师生的互动。在进行课程录像的时候，要肯定和鼓励积极举手回答问题的学生，并对回答正确的学生给予表扬和反馈，在对学生进行反馈的时候应该从多个方面入手，避免空洞和重复表达。在进行视频录制的时候，教师应该积极为学生营造一个良好的、轻松的教学氛围，营造出"积极举手回答问题是荣耀"的环境，以此来带动学生积极参与课堂互动，获得良好的教学效果。

5. 教学手段

教学手段在视频公开课中应尽可能多元化和丰富，包括PPT、板书、图片、视频、网络、教学工具以及肢体语言等。

6. 教师风采

教授视频公开课的教师需要认真选择课程内容，并且革新教学方法，在教学的过程中应该积极与学生实现互动，在课堂上展现自身的教学特色，并且将人格魅力传递给学生，让学生可以积极参与教学过程，获得知识与陶冶情操，以此获得较好的教学效果。传统的教学方式和手段如今已不再适用，教师应该积极创新和变革，使自身的教学有特色，进一步提高课堂教学的吸引力，避免一成不变地教授知识。此外，教师在教学过程中要与学生积极开展互动，调动学生的积极性，给学生充分的思考空间，让他们的求知欲得到充分的调动和激发，让学生拥有学习的内在驱动力。

（二）视频要素

由于视频公开课是通过视频的方式呈现的，所以我们必须理解和掌握视频形式的各种要素，并且精心策划每一次的教学。

1. 讲课中的视频要素

讲课时要保持一定的节奏感和层次，不应该一通到底，而应该逐步深入，逐步揭示真相和真理，让学生在探索过程中感受到逻辑的合理性。

2. 摄录中的视频要素

在拍摄过程中，教师、屏幕和黑板的角度需要保持均衡。对于教师的"身体塑造"，无论是全身还是半身，都需要恰到好处。当教师离开讲台时，不能只拍摄上半身。我们需要充分运用镜头的拉伸和摆动，让同一个角度的画面呈现出丰富多彩的变化，同时也需要关注镜头在变换过程中的稳定性、精确性、变化性和均匀性。在拍摄老师的大幅度身体动作时，应优先选择近摄像机；而在老师的面部表情和身体动作相对简单时，应优先选择远摄像机。在进行拍摄时，需要将 PPT 屏幕上的激光教鞭红色圆点清晰地拍摄下来。

3. 编辑中的视频要素

在编辑过程中，应尽可能多地切换几个不同的视角，这样才能使画面更加生动有趣，不让学习者感到无聊和单调。例如，在 3 分钟内，拍摄老师可以切换大约 10 次，应尽可能地采用富有表现力的视角，比如学生点头表示理解的视角，应该能让人明显看出有多个机位在进行拍摄。

第二节　视频公开课的设计

视频公开课不是传统课堂的简单搬家，目前，视频公开课既有高校实际开设的课程，也有高校课程重组、整合后形成的课程，还有为视频公开课而专门设计的课程。无论如何，设计者必须针对视频公开课的特点和要求，进行精心设计，这样才能制作出精良的课程。如何选题、如何确定主讲教师、课程内容、教学方法和手段、课程效果评价标准，以及课程文案如何编制等，是视频公开课设计的重要内容。

一、视频公开课的选题

视频公开课选题是视频公开课制作中最关键的环节，选题要贴近受众需求，且符合网络传播的特点，应避免过于专精和过大过泛的两个极端。视频公开课强调普及性和吸引力，可重点从科学技术类、社会热点类和传统文化类中进行选题，或从原有成熟优质课程中选题，以便能够引起学生、社会公众的兴趣。视频公开课的名称一要通俗易懂、吸引受众，如选用"武器装备的奥秘"而不是"武器装备概论"作为课程的名称；二要有文化气息，凝练、上口、好记，如采用"走进大数据""复杂电磁环境下的指挥问题""颠覆性创新与信息技术"等作为课程名称。

二、视频公开课主讲教师的确定

主讲教师是保证视频公开课质量的核心，他们需要充分利用名师的示范作用，引导课程的发展。视频公开课的主讲教师不仅需要具备深厚的专业知识，还需要拥有出色的语言表达技巧和对各种传播符号的掌控能力。因此，在挑选主讲教师的过程中，应该尽可能地选择教学杰出者和学术权威。

三、视频公开课授课内容的确定

在视频公开课的教学中，教师需要将学术的精髓融入教学内容，并且强调特色和对热门话题的关注。视频公开课需要避免教学内容过于专业、深奥或者过于敏感，以保证学术和政治的准确性。关于视频公开课授课内容的确定，主要有以下几点。首先，教师需要确保教学内容的学术性，保证学术观点的正确性。其次，教师需要严格把握政治导向，防止出现任何歧视性的观点，并且避免任何涉及机密或者敏感的话题。最后，教师需要集中精力，吸引人们的注意力，使讲解的时间恰到好处，并且在展示方式上，需要考虑到网络传播的特性，使大众能够愉快地学习。

四、视频公开课教学方法的确定

在视频公开课中，我们主张增进教师与学生的互动，激发课堂的活力。教师需要自由发挥，避免死板的教学方式，并且要重视语言和教学技巧的应用。同时，他们也可以向现场的学生提出疑问。这样做不仅有助于营造一个积极、活泼的课堂环境，也能确保视频公开课的质量。教育工作者需要把日常生活的案例与理论知识相结合，这样不仅可以唤醒学生的好奇心和求知欲，也可以指导他们把所学的知识运用到实际操作中。

五、视频公开课效果评价的确定

视频公开课的效果评价可从技术性、课程内容、教学方法、教师风采、学习者发展、影响力等方面进行评价（表 4-2-1）。

表 4-2-1　视频公开课效果评价说明

一级指标	二级指标	指标说明
技术性	视频	画面清晰，剪辑流畅
	音频	音频和视频画面同步，声音清晰，无杂音干扰，无音量忽大忽小现象
	字幕	字幕和视频、音频同步，无错别字，断句合理
	课件	演示连贯，逻辑清晰，便于理解所讲内容
课程内容	合理性	选题合适，内容难易适中，定位准确，知识点安排合理
	科学性	课程内容包括字幕无知识性错误，能启发思考，增长见闻
	先进性	反映学科发展的新动态、新成果、新方法
	丰富性	内容充实，信息量大
	内容组织	理论联系实际，课内外结合，融知识传授、能力培养、素质教育于一体
教学方法	讲授行为	讲解清晰透彻，有利于学习者对知识的掌握
	师生互动	通过提问、讨论等调动学习者的学习积极性
	教学手段	根据课程目标运用展示、视频演示、实验实录等各种教学手段和方法提升教学效果
教师风采	口才	讲解深入浅出，幽默风趣，个性鲜明，易于理解
	知识	对学科领域知识和相关科学知识都比较了解，学术造诣高
	能力	教学经验丰富，教学特色鲜明，教学能力强，教学研究成果丰富
	敬业	准备充分，严谨认真，维护师德，充满激情

一级指标	二级指标	指标说明
学习者发展	知识	拓宽了学习者知识面，开阔了学生的视野，学习收获明显
	能力	培养了学习者提出问题、分析问题、解决问题的能力，提升了学习者综合素养
	兴趣	培养了学习者的学习兴趣，激发了学习者自主学习的热情
影响力	点击率	课程上线后网络点击量高
	评论率	学习者积极参与课程评价，互动区内评论数量多

六、视频公开课课程文案的编制

根据上述确定好的内容，结合相关标准要求，制定视频公开课的课程文案。课程文案包括课程方案、课程教案、课程讲稿、课程脚本等。

（一）课程方案

课程方案是视频公开课建设的指导文件，应当予以高度重视，精心制定。课程方案一般包括以下内容。

1. 课程构思

确定课程名称、课程选题依据、课程总体内容，分析课程预期社会受众范围，定位课程预期社会受众层面。

2. 课程设计

按照视频公开课制作标准的规定，把课程总体内容至少分解为5讲，规划每一讲的课程内容，使每一讲间的内容衔接紧密、过渡自然，并且每一讲时长控制在30～50分钟。

3. 课程教师

介绍视频公开课的课程负责人的基本情况、校内外授课情况、教学研究情况、学术研究情况。简要介绍参与课程建设的其他教师情况。

4. 课程分工

明确划分视频公开课课程负责人和参与教师的职责分工，确定课程各讲的讲课教师。

5. 课程方式

根据视频公开课选题，确定课程是以授课方式还是以讲座方式进行，并确定课程拍摄的场所。

6. 课程进度

预计完成视频公开课建设的总时间，预计完成课程方案、课程申请、课程教案、课程讲稿、课程脚本、课程拍摄、课程编辑等各项工作的开始时间、完成时间和搭接时间，确定控制视频公开课建设进度的关键性时间节点。

7. 课程制作

列出视频公开课拍摄、课程编辑、视频制作的协作单位和相关要求。

8. 课程预算

预计完成视频公开课建设所需的全部资金，以及资金来源。

（二）课程教案

在课程方案的基础上，课程负责人与课程各讲教师拟定各讲教案，明确各讲课程内容的讲授顺序、讲授要点、讲授方式和教学重难点。

（三）课程讲稿

在课程教案的基础上，课程负责人与课程各讲教师起草各讲课程讲稿，深化、细化、优化课程教案。通过起草讲稿，可以较为准确地预计并控制各讲时长，大致可按照正常语速 200 字/分钟来控制各讲的时间长度。

在课程拍摄时，主讲教师按照课程讲稿进行讲课，可以使讲课语言规范、讲述流畅、逻辑严密、层次分明、语速稳定，保证讲课质量。

（四）课程脚本

视频公开课除片头、片尾外，主要有四个构成要素：教师讲课和课堂画面，教师讲课语音，教师讲课语音的同步字幕，标题、重要内容的提示文字、公式、图形、表格等字幕。为便于学习者理解，应适当安排教师讲课画面和字幕的切换，精心编写课程脚本。

第三节　视频公开课的制作

制作是视频公开课建设是否成功的关键环节，需要课程组教师、视频摄制组人员、教育技术人员以及学生和其他教师的密切配合，并严格按照制作流程和技术标准，充分做好前期准备、严格控制拍摄过程、精细把握后期制作，这样才能制作出精品视频公开课。

一、视频公开课的制作流程

（一）前期规划

视频公开课的前期规划需要确定具有独特性的主题，制定相应的主题计划，例如公开课的名称、教学目标教学内容概述，以及持续时间，课程的内容和编排都需要进行精心策划。对于一些相对具体的课程内容，可以通过图像、音频和视频资料来解释，根据需求提前准备好相关的素材。

（二）剧本创作

视频公开课的设计依赖于剧本，其优劣直接影响着课程的品质。在制定视频公开课的剧本时，主要的任务是确定教育和教学的目标，并依此来选择和确定课程的内容，以及根据这些内容来安排学习活动。在视频公开课中，我们不只需要展示出教师的独到见解和学生的专心致志，同时也需要营造出一个轻松、自由、平等的文化环境。这个环境是由活动塑造的、由教师策划的、由学生和教师共同构建的。一旦视频公开课的剧本创作完成，我们不仅能清楚地看到课程的进展，还能够看到学习活动的进程，就像每一个镜头都展现在学生面前一样。需要让学生感觉这将是一堂充满了各种元素和丰富收益的课程。

（三）剧组筹建

在剧本初稿已经确定之后，我们开始筹备组建剧组。这个剧组由编导、摄影师、录音师、灯光师、制作人员和演员组成。在视频公开课中，教师和学生是主要的演员。大部分的视频公开课都是自己编排和表演的。视频公开课的制作过程，始于编导寻找摄影师和制作人员。选择摄影师的主要影响因素是经济状况，经济条件优越的剧组能够挑选技术精湛的摄影师，而经济困难的剧组在选择摄影师时受到较大限制。无论怎样，都必须确保技术基础得到满足，即拍摄出的画面必须清晰、流畅，同时保证声音真实自然、光线色彩协调、画面构图合理。

（四）拍摄准备

在剧组成员都已经确定后，接下来的步骤就是为拍摄做好充分的准备，确保剧组的每个人都清楚自己应该做什么。首先，向每一位剧组成员发放一份相同的剧本，然后所有的剧组成员就可以开始工作了。接着，编导会列出每个镜头的拍摄顺序，并与课程的主讲教师共同讨论拍摄的地点

（场景）。

（五）拍摄阶段

拍摄阶段包括三个主要方面的工作。

1. 开机前的准备

编导组织召开制作协调会议，下达拍摄任务，查看拍摄场景，检查各种服装、道具。在启动摄影之前，所有的制作人员都需要亲自到现场进行实地考察，确认并记住他们在各种镜头拍摄中需要完成的任务。在开机之前，制作人员应该与教师进行深入的交流与沟通，尤其二者在教学内容、教学道具的使用以及师生的互动环节应该达成一致，只有这样，制作人员才能与教师更好地配合，才能按照教师的教学来对摄影工作进行安排和准备。要查看课件是否具备适宜的色彩搭配、是否具备明了的内容、是否具备清晰的插图、是否字词准确无误，以及课件中的链接是否可以正常播放和跳转。授课教师的衣着应大方得体，展现出教师的个人风采，色彩搭配美观并与课程内容有一定的呼应，不穿带条纹或者无法佩戴话筒的衣服。

2. 开机拍摄

只有在教师、学生和摄影工作人员的共同努力和协同配合下，才能成功且高品质地记录下教学活动，并为后续的创作提供高品质和全方位的素材。在对整个的教学过程进行记录的过程中，拍摄流程是关键一环，只有在拍摄的过程中进行全程掌控、把握关键细节才能为广大的学习者呈现最真实和完整的教学过程，只有这样才能将优质的内容传递给学习者。

3. 查看样带

导演、摄影师、录音师和灯光师要对当天拍摄的视频进行审查和检查，并提供修改建议。目前，为了确保视频公开课的录制质量和课堂效果，国内通常会选择集中录制拍摄的方法，也就是我们所说的"摆拍"。尽管这种拍摄方式能够提高录制效果，教师在课前做足了准备，但是教师的讲解可能会显得不自然。

（六）后期制作

后期制作不仅是对教学影片的深度改良，同时也是对教学影片二度创作的关键步骤。当全部的拍摄步骤都已经完成，需要对被录制的影片进行去噪、构造动态、搭配音响，以实现影片的视听效果。同时要将各个步骤精确地分割，接着引入混合录音，并让字幕创建者进行修改，从而实现了全程的视频创建和制作。目前，国内视频公开课的播放方法和电影的播放方法相似，均采用"集"的方式来播放。通常包括片头、课堂内容、片尾三大部分。

一般来说，片头都会包含课程的名字、主题、教师和所在的学校等相关信息。这些都是展示课程的关键信息，学生们可以依据这些信息来做出是否选择观看学习的决定。因此，片头的构建不只是要呈现课程的一些基础资料，也应该激发学生的观看热情。

作为视频公开课的核心部分，课程内容是剪辑的主要参考。教师按照课程的进展顺序，对每个活动进行精心安排，后期制作者选择的摄影师的镜头需要传达出脚本所要表达的信息，包括学习内容和课堂气氛。在学习过程中，学习者一旦没有其他人的监督或者其他学习伙伴的陪伴，感受不到活跃的课堂氛围，其学习时间就会大大缩短。因此，如果出现了失败的镜头，那么就很有可能导致学习者失去学习的热情，这会阻碍视频公开课建设目标的达成。

在视频公开课的片尾，一般会出现以下信息：课程的制作团队、课程的编辑人员、赞助单位等，这些信息的展现一方面可以表明本视频公开课的制作团队的情况，另一方面也是对这些人员的工作表示赞赏与表扬。

二、视频公开课的制作团队

视频公开课制作同样也是由一个团队共同合作完成的,团队的人员配置如表 4-3-1 所示。

表 4-3-1　视频公开课制作团队人员配置

角色	构成	任务
课程负责人	教学主管	视频公开课选题与申请、团队组建及协调、课程设计、课程质量控制、资源调用
课程主讲教师	教学名师	视频公开课专题选题、教学内容与教学活动设计、主讲授课
剧组	编导、摄影、录音、灯光、编辑、演员	视频公开课剧本创作、视频拍摄与后期制作,演员为教师和学生
技术支持	教育技术和信息技术人员	视频公开课设计与制作的相关技术咨询和操作支持

三、视频公开课制作的注意事项

视频公开课的制作过程中,有一些需要特别注意的事项。

(一)教学理念方面的注意事项

要贯彻素质教育的思想,体现正确的教育教学理念。如体现"学生为主体""上课不仅教知识,更加重要的是育人,是培养学生的能力和素质"等理念,变灌输为启发,变督促为引导。此外,在课堂这个舞台上,学生既是教学的对象,又是教学的主体,既是演员,又是观众,要让学生融入其中。

(二)调动积极性方面的注意事项

摄录、编辑人员要有高度的责任心和认真细致的工作态度。制作高质量的视频公开课不要主讲教师一人的责任，需要整个团队的共同努力。态度不够专注、经验不足、思考不全面、技术不够精湛、时间不够充裕，甚至临时"换人"，都可能对视频制作的效果产生影响。视频公开课与传统的公开课不同，由于网络环境的特殊性，一个小的失误可能被放大，以致掩盖了主要方面。因此，无论是画面、剪辑，还是字幕，每个环节都要重视，千万不能以其"事小"而掉以轻心。如果视频技术运用得当，不仅可以弥补讲课的缺陷，还有可能提升讲课的效果。

（三）课件设计的注意事项

PPT 课件设计应图文并茂，使用图片要贴切，勿用与内容无关的小动画、小装饰；PPT 上的字数不应太多，字号不应太小；标点符号不应位于某行的最左侧；左引号、左书名号不应位于某行的最右侧；色彩搭配对应视觉效果要合理，慎用音频和视频。PPT 后期的修改会在输出成品时花费大量时间，因此，前期应该尽量保证 PPT 的质量，后期尽量不修改。

（四）拍摄时的注意事项

1. 课堂语言

尽量做到清楚、通俗、生动、准确、洪亮。要全景开场，交代环境，特别是实习、实训类课程，尤其要注意。

2. 拍摄备用镜头

拍摄一些备用镜头，在课堂前 10 分钟学生精神比较好时，多拍摄一些学生镜头；可分别拍摄 5～7 个人的特写镜头，每个 5～8 秒。

3. 师生互动

在课堂录制过程中，授课教师提问要尽量控制在小范围内。学生回答问题时，要注意摄像机位置的调整，尽量避免呈现出三点一线的布局，以免互相遮挡、干扰；摄像机临时反拍学生听课时，画面中不要出现摄像机和摄制人员；实验、实训课的操作对象不要被教师挡住。

4. 着装仪态

在摄像机面前，教师的形象应该是得体大方的，穿深色的衣服比较好。学生的衣服应该与他们的年龄和身份相匹配，颜色应该多样且活泼，化妆不应过于浓重。学生在上课时不要看摄像机，保持良好的精神状态，并维护好课堂纪律。

5. 拍摄位置

在教学过程中，教师的步伐不应过快，以便于摄像机能够跟随其节奏，要避免在拍摄位置前随意移动。教师可以根据拍摄需求对学生进行分组，将平时表现优秀的学生放在中间，将写字好、动手能力强的学生放在摄像机附近，而将活跃的学生放在远离摄像机的地方。

6. 现场拾音

不要用摄像机上的话筒拾音，教师必须佩戴无线话筒，学生回答问题时可用手持话筒。

（五）后期制作的注意事项

PPT 的剪辑点要准确，停留时间要满足网络学习的需要；适时插入学生镜头，反映课堂效果；师生互动时，师生间的镜头切换要合理；每节课结束时要有结束画面；末尾要有鸣谢，包括素材的来源、参考书籍和协助人员，对此表示感谢。

第四节　高校外语教学对视频公开课的应用

以美国名校为代表的全球名校视频公开课共享运动,给我国的大学教学带来巨大的机遇和挑战。视频公开课展示的教育理念、教学模式、视频资源对大学外语的课堂教学、学生学习和教师提升有很大的促进作用。

一、外语课程教学的特点

(一)教学互动性强

外语是一种有效的沟通手段,外语的教育不仅需要学生熟练掌握基本的理念和知识,也应该鼓励其主动并且广泛地投入各种形式的听说训练、口音演示和修改以及语言互动等活动。为提升教育的实际效果、增强对学生的吸引力,许多大学都选择使用任务驱动法、案例驱动法、情境驱动法等教育策略。使用这些教育策略的外语授课,既有着良好的学习氛围,又有着优秀的学习成果。然而,过于丰富的教学交流和各种教学情境的安排,对于制作高质量的公开课视频有时候也会造成一定的困扰。

(二)教学形式丰富

外语课程中有着非常丰富和多元的教学内容,不同的教师有着不同的侧重点,这就导致教师教学所采用的授课方式也因人而异。在教授学生听说技巧的课程中,教师应该根据具体的教学内容来选择和创建各种合适的情景,以此来帮助学生进行交谈与互动,情景的创建可以有效激发学生的积极性和热情。教师在教授补充基本知识课程的时候,因为它主要以讲解为主,因此教师可以增加提问的次数,让学生轮流回答或者进行答题竞赛,师生、生生之间互动的加强有利于呈现较好的教学状态。

（三）教学场地多样

外语教学的教授环境并非只能固定在教室中，教师可以根据具体的教学课程与教学内容来选择不同的教学场地：教师可以在普通教室讲授理论知识；教师可以在视听多媒体教室来训练学生的听力；教师也可以借助学校的英文沙龙以及"语言角"等来拓展学生的口语训练场地，这有利于为学生提供仿真的口语训练环境，有利于实现对学生同声传译、商务谈判、演讲辩论等方面技能的培训。

二、视频公开课在外语教学中运用的意义

并非所有人都具备进入顶尖学府或赴海外求学的可能性，高校的课程视频，实现了高品质教育资源的共享，同时也可以推动大学外语教学模式的创新和教学水平的提高。

（一）对于课堂教学本身

1. 弥补教学视频材料的需求和不足

相较于常规的电影和电视节目，视频公开课的主题更接近学校生活和教学实践，涵盖了大量、系统的课堂用语和语言知识，教师可以根据教材的主题进行挑选和应用，作为课堂教学的有效补充。

2. 引导课堂教学形式和活动的改革

人才培养的关键在于教室教育。在这一关键环节中，视频公开课有着决定性的示范作用，它可以引导师生转变教育教学观念，实现对教育内容的更新和扩充，有利于创新教学手段。视频公开课对于学习者所展现的并非仅仅是热闹和生动的课堂氛围，还呈现了一个引人思考和给予学习者启

发的课堂。

教育工作者必须清楚,学生掌握外语的关键在于广泛地接收和消化语言信息,并持续进行语言练习。因此,教育工作者应当有效地构建环境以激发学生的兴趣,巧妙地提出问题和任务,并与学生展开深度的互动和沟通,使学生更加深入地进行外语学习。

3. 有利于外语精品课程的建设

目前,在线的高品质课程资料主要集中在课件与教科书的展示,而真正的课堂教学录像则比较稀缺,同时也未能在社区中获得普遍的传播与分享。全球著名高校公开课录像的分享,为构筑和分享高品质的教育资源、防止低品质的再次创作,以及提高中国的外语教育质量,都起着关键的指导作用。

（二）对于学生而言

语言是思考的工具和文化的载体,掌握一门外语就等于要掌握跨文化的交流技巧,以及学习新的思维模式和习惯。文秋芳强调外语教学最终的目的是培养跨文化交际能力,即培养对文化差异的敏感性、对文化差异的包容性、处理文化差异的灵活性[①]。视频公开课是对语言学习的关键补充,涵盖了历史、政治、艺术、文化和环保等主题,能够极大地扩展学生的知识领域,使他们从各种角度理解外国文化。这也能激励学生在课余时间广泛学习,增加其语言学习和文化知识的储备。

（三）对于教师而言

1. 加强教师的语言学习能力

教师运用外语进行课堂教学,让学生在外语环境中深度学习,能够不断提升他们的语言感知能力,对于他们的语言吸收和应用都大有裨益。然

---

① 李立,孙平华. 高等教育外语能力培养模式研究 [M]. 北京:光明日报出版社,2012.

而，由于缺乏资金支持和出国培训的机会，目前国内外语教师的语言技能并未达到预期。

2. 提升教师的课堂教学能力

课堂教学是教育的根本，尽心尽力地讲授每一堂课是教师的责任，每一堂课都应该追求教学的有效性和学习的实际效果。现在的大学外语教学中，视频公开课能够起到较强的示范和指导作用。通过观摩和学习这些真实的课堂教学，教师们能够更深入地思考并优化"教什么"以及"如何教"。

优秀的外语教育者必须不断提升自我，并且最终需要拥有卓越的全面素养。他们不只是需要卓越的语言技巧，更需要坚实的语言学理论根基，要能够精确地规划课程，并且能够恰当地处理输入与输出、语言与内容的关联。此外，他们也必须精通如何在教学过程中将语言教育、相关知识和人文教育紧密结合，尤其是要掌握利用教学活动帮助学生熟练掌握交流技巧的外语学习策略。

第五章　微　课

21 世纪是知识快速更新的时代，教育也紧跟时代的步伐进行革新。微课将在一定程度上助推教育的革新与发展，助力个性化学习，推进数字化学习资源模式的转换。微课的出现为教学方式的创新开辟了一条高效的路径。

第一节　微课的理论基础

一、微课概述

自从进入被称为"MOOC 元年"（MOOC，也译为慕课）的 2012 年以后，"慕课""微课""翻转课堂"这三个概念似乎已经成为高校课堂教学的三驾马车，甚至已经形成了"言必称微课，行必往慕课"的局面。事实上，对于这些来自"教育技术学"领域的热词，大部分教师和研究者都停留在认知不完全的层面上，或是对许多概念的理解仅浮于表面，没有深入本质，或是对两个近似的概念认识含糊不清，在应用时发生混淆。因此，本节首先要澄清人们在对微课的认知上存在的两个误区。

（一）微课的概念

对于微课的定义，这是我们需要着重讨论的第一个误区。在现行的教育实践或相关资料中，许多研究者根据不同的观点和应用场景，经常混淆微课、微课程、微视频等概念，这很容易让人误以为这三者可以等同对待。实际上，微视频与微课、微课程在这三个概念中的差异是显而易见的。微视频是技术概念的一部分，它与教学并无直接联系，而微课和微课程则不属于同一个维度的概念。微课是一个教学论的概念，重点强调学生以微视频资源为介质，与教师之间产生直接和间接交互的过程；微课程则是一个课程论的概念，重点强调与"微目标、微教案、微讲义、微练习"等课程要素共同构成一个完整课程。通过对比总结国内学者对微课的不同定义，可以分为三个类别：一是对应"课"的概念，强调微课是一种小型的"教学行为"；二是对应"课程"的概念，涵盖了课程计划（微教案）、课程目标、课程内容（学科知识点）、课程资源（微课、微练习、微课件）；三是对应"教学资源"的概念，例如在线教学视频、数字化学习资源包等。虽然各位学者在微课的定义上存在不同的解读，但在其内涵上却有着相似之处，也就是"目标明确、内容简洁、时间短暂、结构优秀、以微视频为媒介"。现在在中小学实践或各种微课比赛中出现的"微课"也大体上满足这些特性。观察媒体形态可知，微课可以被理解为一段简洁的、与教育有关的视频。然而，如果这些微视频并未供学生使用，也就是说缺乏学习的主体，那么教师和学生之间的互动过程就无法发生，因此它们只能被称为微视频，而不能被称为微课。当学生利用微视频进行学习时，他们可以选择微视频作为媒介，与老师进行间接的互动，也可以通过网络讨论、实地指导等多种方式与老师进行直接的互动，这样，微视频才能被称为"微课"，成为一个教学论的概念。虽然作者在这里对微课的概念从教学论、课程论和媒体资源三个方面进行了清楚的划分，但是由于大部分研究文献和媒体在使用微课这一概念时并没有考虑到这三个角度的区别，因此，对微课概念的准确把握仍然需要结合具体的情景和使用场合。

（二）微课的产生背景

需要重点论述的第二个认识误区，是关于微课产生的时间和相关背景。在"言必称微课，行必往慕课"的高校教学改革浪潮影响下，部分教师误以为微课和慕课是同一时期出现的两个平行的概念。其实，相对慕课而言。微课的出现要早很多。微课的雏形最早见于美国学者麦格鲁提出的"60 秒课程"概念，而现今热议的"微课程"概念是在 2008 年由美国新墨西哥州圣胡安学院的教学设计导师戴维·潘罗斯提出的。他主张微课程的构建应包括五个环节，也就是列出课堂教学中要传达的关键理念，撰写一段 15～30 秒的概述和总结，制作 1～3 分钟的视频或音频，设计能引导学生阅读或探索的课后任务，并将教学视频和课程任务上传至课程管理系统。戴维·潘罗斯还在该校"职业安全"在线课程中大力推广了微课。

在我国，研究者也从不同的角度对微课进行了界定和研究。例如，有的研究者认为微课是微型教学视频课例，它是以教学视频为主要呈现方式，围绕学科知识点、例题习题、疑难问题、实验操作等进行的教学过程及相关资源的有机结合体。还有的研究者从应用角度进行定义，在他们看来，微课是为支持翻转学习、混合学习、移动学习、碎片化学习等多种学习方式，以短小精悍的微型教学视频为主要载体，针对某个学科知识点或教学环节而精心设计开发的一种情境化、趣味性、可视化的数字化学习资源包。

事实上，微课可用于在线学习、面对面教学或者混合学习等多种学习场景，可以构成教学主题的一部分，或者对所学习主题进行聚焦，或者作为学生自主学习的资源。针对教学中的一些关键概念、解决问题的过程、重难点知识，都可以利用微课帮助学生在课前、课中、课后对学习内容进行回顾。微课形式简短、主题集中，非常符合当代学生碎片化学习的习惯。微课允许学生自主控制学习速度，学生可以自主掌握音视频的播放进度，可以根据自己的需求重新点播、重复观看某些教学片段。

二、微课的优势

（一）微课的形式更加契合移动学习的特征

从知识的呈现方式来看，微课的内容聚焦于特定的知识板块，或包含若干更细化的知识点。微课所承载的知识虽然有限但形式完整，知识体系被细化成知识分子甚至原子，化繁为简，变抽象为形象，从而使知识体系变得更加具体，使教学过程更容易操控，使学习过程更加轻松、愉悦。当学生从一个微课进入下一个微课时，知识得以渐进积累、技能得以逐步发展。如果教师希望了解学生是否掌握了某个知识点，可以布置微课程作业，让学生通过作业来呈现他们的学习情况。例如，教师可以指导学生随时随地拍摄自己的学习报告和小组互动情况，然后上传到教师管理终端，接受教师和同学的评价。

（二）微课形式简短，更容易融入其他的学习环节

教师可以将微课用作传统课堂的预习材料、课程开始之前的课程主题引入、呈现知识点的工具，也可以将它作为课堂活动或者课后作业的一种呈现形式。因为形式简短，教师随时可以对微课资源进行修改。现在，如平板电脑和智能手机这样的便携和高效的终端设备已经广泛应用，它们与微型课程视频极其适配，使学习的过程无须拘泥于传统的教室环境，在线课堂已经逐渐成为一种新的潮流。这种微课形式的学习过程具备高度情境化、建构化、自主化的特征，充分体现了人本主义的教育理念，具有鲜明的时代感。

（三）微课有利于培养学生的自主学习能力

微课能够有效地提升学生的独立学习和反思能力，这是因为微型教学资源的设计是模块化和工具化的。学生需要根据自己在课堂上的学习状况

来决定自己需要学习的内容，自行选择学习资源，进行专题化和模块化的学习，并针对自己的不足进行相应的训练。因此，微课的引入可以极大地促进学生自主学习能力的提高。

（四）微课能够节省大量的教育资源

微课以数字视频的形式传播，便于复制。因此，微课是一种可重复利用的资源，在不同的时间和地点，可以无限制地被使用。如果将对一个问题的讲解制作成视频，那么教师只需要讲一次，学生就可以在需要的时候随时随地播放，这样就可以在一定程度上避免重复性的劳动，减轻教师的负担，便于教师集中精力对学生进行个性化的指导。

（五）微课能够聚合最优秀的教育资源

微课的制作意味着优势资源的集中和整合。微课可以邀请各个领域的专家对其研究领域，尤其是该领域最前沿和核心的问题进行解答，并以微视频的形式呈现给学生。这样一来，微课就聚集了各个方面最优质的教师资源，方便供学生随时随地调用，充分体现了现代教育技术带给用户的方便和快捷。

第二节　微课的开发与制作

一、微课的开发与建设

（一）微课开发的背景

1. 教育信息资源建设和应用现状

教育信息资源构成了教育信息化的关键元素以及学术焦点。在过去十多年我国推动教育信息化的过程中，对于教育信息资源的挖掘与利用始终被视为各地教育信息化建设的主要任务以及衡量其成果的准则。多年的进步使教育信息资源的数量、种类、内容和品质均有显著的提升。从整体来看，我国教育信息资源的发展大致经历了三个主要阶段，这些阶段以资源建设的主要内容和资源库的表现形式为分界线。早期阶段（2003 年前）主要是教学素材库和学科资源库的建设，中期阶段（2008 年前）则以学科教学资源网站、研究性学习和专题学习网站为主，而后（2008 年后）则主要是网络教学课程（如魔灯 Moodle 课程）和教育视频库博客、微博的建设。资源建设的理念已经从早期的侧重于教师的"教"转向了更加关注学生的"学"，资源的组织方式也已经从单一、分散的教学素材资源转变为结构化、主题整合的网络课程资源，资源库的模式也已经从侧重于技术开发、实体化的课堂教学资源库转变为更加注重互动生成、虚拟化的智能资源库。当代信息与通信技术（ICT）的飞速进步，教育信息资源的持续增长、丰富和优化，也在某种程度上反映出我国教育改革、素质教育的核心观念和需求。

2. 微课：教育信息资源建设的新方向

"边际效应递减"的观点指出，资源使用的收益并非取决于它的数量、规模和种类，更关键的是它是否具备最高的实际利用价值，也就是是否能够满足消费者"适当使用、适时使用、适度使用"的需要。"适应性、实际应用性和易于使用性"构成了构筑教育信息资源的三大基本准则。这也就造成了当前对高品质资源的"过度需求"，而当前资源库使用效率不高的关键问题包括：

（1）大部分的教育信息资源建设都过于重视资源的宏观环境（例如，资源是否符合新课程改革的精神和适配本地的教材），而对于具体的资源使用环境（例如某个资源在特定课堂的教学应用情境）的关注不足。这种资源建设和使用的脱节，导致了资源看起来有很大使用价值，但实际上并不实用。尤其在教育实践应用的视角下，许多资源库的类型已经与具体的教学环境脱节，不再被纳入课堂教学，也未能和相关的教学活动进行"绑定"（整合），这导致它们的使用价值大幅度降低。

（2）传统的教育资源通常按课时（包括单元和章节）进行制作，其内容过于庞大（例如素材课件等的容量过高，课程示例视频的时间通常在45分钟左右），这导致了资源的主题和特性并未得到充分展现，使用起来也相当不便。另外，传统的资源开发方法在规划、设计、制造、应用、沟通、评估等各个阶段都具有相当大的封闭性，这使得教师和学生缺乏创造教育资源的机遇和技能，因此许多资源（库）一旦构建完毕，很少进行更新或优化。

（3）我国的教育教学资源建设主要是从零开始，逐渐累积，按阶段进行，并且按照类别进行建设（例如，按照类别建立教学素材库、课件库、教案库、课例库、题库等），这些资源库大部分是孤立的、没有任何联系的、相对独立的"孤岛"形式。

教室是学校教育的主要场所。大量的研究指出，只有当我们深度挖掘并运用教育资源，以满足教师对日常教育资源的需求并持续创造新的课程资源，我们的教育资源建设才能由浅显转变为深远，教育资源的丰富性才能得以真实展示。对于当前教育信息资源建设中所面临的主要挑战，一种提高其质量的有效策略就是把各种资源与特定的主题教学活动紧密结合，并通过模块化、主题化的连接和融合，让它拥有"明确的主题、真实的情境、易于操作、可以动态生成"的属性。教师在日常教学中使用最频繁、需求量最大的就是那些能够直接推动课堂教学的资源种类，并且希望这些常见的资源能够围绕特定的教学主题（知识点）进行"整合"和"汇聚"，以满足教师在备课、教学、学习、反思和研究等各个环节的需求。所以，开发微课已经成为教育信息资源发展的新路径。

（二）微课的开发模式

当前微课程的可开发模式主要有两种：微课开发的校本模式；微课开发的整合模式。

1. 微课开发的校本模式

微课脱胎于校本课程，它的开发天然具有校本色彩。一般来说，校本课程开发的流程包括组织构建、情境研究、目标设定、计划制订、具体执行和评估修改。根据相关研究，微课开发的校本模式流程可以进一步概括为"主题设计""目标拟定""内容与资源选择""教学组织与实施"以及"课程评价与修订"等步骤。

（1）主题设计

微课的精髓就在于主题，全部的微课制作流程都是以主题为中心进行的。主题设计的基础包括四个方面：一是学生的兴趣和需求，二是教师的专业技能或者喜好，三是对于学科或者课堂目标的需求，四是社会和生态发展的需求。通常，微课的主题可以分为四种类型：依赖于学科教育的补充性主题、依赖于学科教育的扩展性主题、依赖于班级管理的补充性主题以及依赖于班级管理的扩展性主题。在实际操作过程中，教师能够根据具体情况来创建出独特且富有创意的主题。

（2）目标拟定

设立微型校本课程的目标至少包括两方面：首先，是为了满足教师的职业发展需求；其次，是为了实现学生的课程目标。教师的职业发展需求主要侧重于提高他们的课程开发意识和能力；而为了实现学生的课程目标，我们需要从知识、技能、过程、方法以及情感、态度、价值观等多个角度出发，努力推动他们的成长和发展，明确地描绘出学生的学习预期成果。另外，鉴于微课程的规模较小、时长较短、内容有限等特性，设定的目标不应过多，应保持 1—3 个目标。

（3）内容与资源选择

根据设定的目标，精心挑选出能够达成目标的内容和资源，这一步骤至关重要。课程内容的选择实质上是"教育内容的文化选择"。有学者指出，在选择微课内容时，主要要从针对性、教育价值、现实性三个方面进行判定。其中"针对性"主要是指要满足学生当前的生活需求和生活状况；"教育价值"强调内容的实用性和重要性，以满足学生的好奇心和求知欲；"现实性"则关注学生能否将所学知识应用于现在或未来的生活环境，同时也要考虑到学校的教师资源和教育资源等因素。此外，我们强调内容和资源的多元化，包括实体、文字、图片、音频、视频等各类线下或线上资源。

（4）教学组织与实施

在挑选出内容和资源之后，教师需要思考如何高效地整合这些内容，以便于学生的学习，也就是说，这是一个教学组织的过程。接着，教师要把整理出来的课程计划实际执行到具体的教学活动中，也就是教学执行。实际上，"教学组织"涵盖了"课程计划的构建"和"从内容到经验的转变"两个方面的含义。在这里，"课程计划的构建"主要涉及在挑选和确认教学内容之后，教师需要思考如何把这些内容整合起来，同时也需要对相关的课程资源进行开发和调整，以此构建出课程计划；"从内容到经验的转变"则是指课程组织需要致力于把从文化中挑选出的"教学内容"转变为"学习经验"的问题。在执行微课程时，教师需要重视学生的独特性，并采取个性化的教育方式。

（5）课程评价与修订

按照泰勒的"目标模式"，微课的评估主要是为了回应其最初的课程目标，也就是说，主要关注教师的进步和学生的发展。一些学者从教师的角度出发，认为通过实际且深入的课程评估，教师能够获得大量的反馈信息，从而提升自己的课程开发技能，增强所开发课程的内在价值。另一些专家从学生的视角出发,对微型校本课程进行了评价和鉴定。这是一种"以班级为基础""在班级中进行"以及"为了班级"的课程,其目标是促进班级学生的个性化发展。另外,微课的主题丰富且广泛、活动方式多变且灵活、成果展示方法各异,这也决定了它评估方法的多样化。这里的"多样化"主要涵盖了多个评估对象(如教师、学生、家长和专家学者等)以及多种评估手段(如量化评估和质量评估相结合,包含访谈、问卷调查、档案袋评估、描述性评估等)等。

2. 微课开发的整合模式

(1) 基于问题学习的整合模式

问题学习(Problem-based Learning)模式的核心是教师通过多媒体工具提出课堂目标教学中的开放性问题,接着引领学生进行探索,直到找到最优解。这个过程主要关注学生在课堂目标学习中遇到的重难点,并结合学生的生活经验来创建开放性问题情境。

(2) 基于案例学习的整合模式

案例学习(Case-based Learning)的模式,即在学生掌握了解决问题的关键知识后,教师向他们展示优化领域的问题或特定场景,让他们从研究现象入手,进行案例学习。在案例分析的过程中,他们利用互联网平台来研究各种信息和知识,并把他们的课堂目标和重点知识融入案例分析,最后整合所有的信息资源作出决策。

(3) 基于资源学习的整合模式

资源学习(Resource-based Learning)的模式,即学生利用互联网查阅或搜集各类资讯进行相关学习。这种方法主要是以课程内容为核心,利用互联网平台汇集相关信息,指导学生通过结合日常生活经历等方式,深化对所学内容的理解和掌握。

（三）微课的开发策略

1. 开发流程规范性策略

开发微课是一个复杂的项目，它与传统的公开课或示范课的视频拍摄和录制有所区别，也与多媒体教学资源的创建有所不同。一个完整的微课开发涉及多个步骤，既涵盖了微课的设计和开发，也涉及微课的制作和使用，每个步骤都有其独特的标准化流程。只有将微课的设计、开发、使用等各个环节融为一体，我们所开发的微课才能真正实现其应用价值。

2. 资源完整策略

教师对微课的基本构成元素的理解会直接决定他们如何设计微课，以及如何提升微课的品质。因此，教师需要更多地关注微课资源的完备性，达成一致的观念，这样才能提升微课资源的品质。教学流程和相关资源的融合，包括难题、疑惑、考试内容、示例练习、实验操作以及班级活动等。"微课"的关键要素包括教学视频的片段（也就是"微视频"，通常为5～10分钟），以及与这个教学视频主题相匹配的教学设计（"微教案"）、教学素材（"微课件"）、练习测试（"微练习"）、专家评价（"微评价"）、教学反思（"微反思"）和学生反馈（"微反馈"）等辅助教学和学习的内容，也就是说，微课的构成具备"6＋1"的特性。"微课"与传统的教学案例、教学软件、教学策划、教育反思等资料形式不同，这种新颖的教育资源是为了弥补传统的单一资料形式的不足，并且是在之前的基础之上进行延续与演变的。

3. 由"单一"到"专题"的发展策略

当微课进入一个特定的阶段，我们必须调整其构建方法和模式，更多地关注微课的整体设计，也就是说，我们应该从单独的微课设计和开发转向专门针对某一特定主题的微课程的设计和开发。微课程是一种由特定主题的连贯、层次化的微课程组成。每个主题的微课程通常包含 5 到 10 节（具体数量取决于学科、学习目标、主题内容等因素），这些微课程能够为学生提供一个较为全面的知识主题或者帮助学生进行归纳和复习，极其适合学生自我学习、理解，从而提高学习成果。教育工作者需要熟练运用微课的设计技巧，同时也需要精通一个单元、一个主题或一个学科的微课设计手段和策略。这是因为，只有系统化、连贯性、分级化、体系化的主题微课，才能向学生提供全面且高效的知识技术。目前的主要任务是将微课资源的构建路径从"单一微课"转变为"专题微课程的构建"。当前，系统化、专题化且全面的微课程开发是微课开发的核心领域。

4. 以"用、研"促"建"的策略

开发微课资源的核心意图在于它们的真正运用，所以，我们需要在微课设计和开发阶段就全面思考如何利用这些微课。当我们将传统的大规模教学设计改为更精细的微型设计时，也会涉及对学习理念、创建方法和对设计评估方式的改变。所有参与微课资源创建的教师都应该深思熟虑并弄清楚以下几个问题：微课的开发意义何在？所创建的微课与传统的网络视频课程有何区别？微课开发的目标是什么？所创建的微课资源的使用者（学习者）是谁？这些学习者具备哪些特性？他们的学习目标是什么？他们适合哪种学习方法？他们开发的微课类型是什么？他们采用哪种方式来开发微课？他们在何时进行学习？

例如，当我们制作微课的时候，我们需要明确地向学生阐述课程的学习模式和评估方法，开发者要给予学生必要的解释和指导。只有当所有的问题都被理解，我们根据这个思维模式制作的微课才有可能成为一节卓越的微课，它的实际应用价值也会更高。理论的根源在于实践，但其影响力超越了实践。通过对微课主题的深入探讨，我们能够在理论层次和实践层次两个方面推动微课的构建与持久发展。

5. 微课教学设计的创新策略

微课制作的核心技术环节包括两个方面，即制作课件、拍摄或录制微教学视频。现今，由于计算机技术的发展和普及，课件的制作已经变得不再困难。一些备受教师欢迎的录屏软件在使用上也相当简便，并且具备强大的功能，例如 Camtasia Studio 录屏软件不仅可以记录教师在电脑屏幕上呈现的教学流程、声音和图片，还可以进行录像。此外，该录屏软件还具备对录制过的视频文件进行全面修改的功能，即便是需要借助复杂的软件来完成的视频编辑工作，也能在此得到解决，最重要的一点就是该软件易于操作。此外，智能手机的广泛使用也让常规的视频拍摄设备走进了大众的生活，这为一线教师制作微课教学视频提供了便利。总的来说，制作微课的技术难度已经降低，现在我们需要重点关注的是微课的创新设计和教师在微课中展示的教学能力，这些才是微课最具价值的部分，也是微课最能吸引学习者的地方。那么，如何才能制作出高质量的微课呢？

在微课的授课流程中，应该适当设定暂停或者后续活动的提醒，以方便学生在浏览微课时切换到相关的学习任务，让他们在学习清单的集体指导下学习微课。微课的讲解应包含适当的提问和即时的质疑，问题的构建需要合理，要设计并安排那些最基础、最重要、最能激发学生兴趣的问题，灵活运用各种提问方式以启发学生的思维；每一节微课的结束都应有一个简洁的概述，这个概述主要用于总结学习的关键点，协助学生整理思维方式，并着重强调关键、困难的部分。在日常生活中，我们需要积极吸取和学习其他领域的设计知识和技巧，注重借鉴、模仿和再创新，比如，从电影、电视、广告等公众媒体中寻找可以参考的创新思路；微课设计应遵循"任务驱动、问题导向、反馈互动"的理念，课程设计应创造有趣的情境，层次清晰、逐步推进。可以参考可汗学院微课的教学方式、手段、观念和策略，让学习者在最短的时间内掌握最重要的知识。

6. 评审标准的引导策略

学生们最重视的是微课的品质和实际应用价值，唯有构建并引领科学的微课评估标准，才能创造出优秀的微课资源。目前，微课的评估标准还未达成一致，各类微课比赛中采用的微课评估标准都是在过去的网络课程、多媒体教材评估标准的基础上优化而来。微课和传统的网络视频课程之间存在着明显的差异和关联，如今，研究者需要深度探讨的是，从传统的网络课程评价标准中获取的微课评价标准是否已经完善、科学且实用。仅当公布了科学且精确的微课评估标准，所有的微课资源创作者才能有所依据。这样，他们在制定和开发微课时，才能全面理解选题基础、技术要求、资源组成以及评估指标，实现微课有针对性和目标性的开发。

（四）微课资源建设的措施

1. 整体规划，精心组织和实施

教育行政部门在微课资源建设中要深刻理解其关键性，并由主管机构领导，通过多个部门的配合，制订出全面的微课资源建设计划，精细地安排各个方面的资源，逐步推进微课资源的建设与运用。然而，构建微课资源并非一步到位的事情，需要一个长久且逐步推进的过程。作为微课资源构建的核心，教育行政部门需要制订一个全面的微课资源构建总体计划，明确构建的步骤和进度，提供政策和资金的援助，构建动态的监测和管理机制，增强质量的监督，并提供技术和系统的保护。为了防止重复和混乱的微课资源建设，我们需要建立一套完整的规则和体系，并在听取意见之后统一公布，这将成为我们制定具体方案、分步骤执行的主要参考。此外，教育管理部门还需要增强与各类科研机构、大学的沟通，最大限度地利用各相关学科、专业教学指导委员会的影响力，建立微课资源建设的专家团队，以负责相关政策的研究、微课的筛选、内容的审核以及运营的评估，确保微课资源的健全和顺利进行。

2. 夯实基础，搭建并完善微课资源应用网络平台

目前，全国高校教师网络培训中心已经成功地组织并开始举办首届全国高校微课教学竞赛，目的是激励大学教师的专业成长和提高他们的教育水平，同时也是为了推广 IT 在教育领域的应用。所有的教育管理部门都有机会利用这个全国性的微课教学竞赛，创建一个微课教育资源的展示平台，从而推广并完善微课的相关内容。如果想让微课资源实现持续且高效的发展，单纯依赖于微课教育竞赛这个平台显然是远远不足以满足需求的。构筑一个能够分享并使用的互联网环境才是微课资源构建的根本。教育行政部门可以独立建立微课应用网络平台，并通过这个平台向外部扩散，形成一个共享微课资源的网络平台。同样，教育行政部门也可以与各大学和教育科研机构合作，共同打造一个区域性的微课资源共建共享网络平台。

3. 突出特色，积极拓展微课资源应用与推广

通常，一线教师是微课资源构建的主要参与者。然而，大多数从事微课资源构建的教师对于如何强调其独特性，并成功创建一门微课的知识仍然不甚明了。因此，学校需要全面、多元化地开展专项培训。对于微课的教育观念，教师需要有深入的理解和认识，同时，也需要对利用微课资源来传递知识抱有坚定的信心。只有这样，教师才能准确地掌握微课的教学方法，并且能够成功地制作和运用微课。

二、微课的设计与制作

（一）微课设计的原则

1. 学科定向的原则

每一门特定的学科都有明确的教育目标，这并不会受到学校或学生个

人的主观意愿的影响。课程设计必须以达成这些教育目标为基础，否则不仅无法达到预期效果，还会对教育目标的实现产生负面影响。

2. 适度分解原则

知识的级别和规模是不同的，微课程并不代表课程内容的无限小，而应该是一种相对的理解。尽管某些知识点是复合性的，但这并不意味着需要进一步细分，也不是只有基础知识才能被视为微课程的学习主题。根据知识的特性（例如难易度、构造等）、学生的能力（包括过去的技能和接受能力）、时间、教师所设计的课程形式以及教学目标来进行微型化的划分，这是一个经验逐步积累和灵活运用的过程。

3. 宽基础、活模块原则

"宽基础"意味着教师需要从各个领域的知识、现代社会的实践和学习者的经历中，深度挖掘出学科的核心信息，并把它们与已存在的各种课程内容进行融合。"活模块"则是说，微型课程不仅能够被视为标准的课程，也能够成为课程的一部分，帮助教师进行教学，也能够让学生独立地进行学习。

4. 创新性原则

创新始终是推进一切进步的驱动力，不管是在选择教材的过程中，还是在微课的构建过程中，微课制作者都需要坚守这一理念。微课的特点就是"小而精"，只需五分钟的时间，便可以呈现一个主题，因此需要在较短的时间内吸引到学生的极大关注与热情。在当今的数字化环境下，教学资料越来越多样化，学生的学习模式也正在持续演变。所以，微课制作者必须在微课的开发过程中，最大限度地利用教学软件，挑选出最适宜的教学策略，并且持续地创新以激发学生的学习热情与积极态度，让他们能够在一个轻松愉快的环境下学习，教师要根据学生的特点来教学，使教学成为一种娱乐，实现微课教学与学习的完美融合。

5. 实用性原则

最佳的微课程选择应该是教学计划内的课程，这样才能充分体现微课的实际效果和价值。在使用的过程中，教师可以通过学生的反馈对已有的微课程进行评估，这样就能够进一步优化微课程，从而创造出更优质、更实用的微课视频。

6. 系统性原则

教师可以选择实际教学中的课程进行全面的开发，这不仅能帮助学生系统地掌握知识，同时也能让教师专注于一门课程的研究与开发，从而构建出一个完整的微课程体系，为其他专业微课程的创建奠定基础并提供参考。

7. 重点性原则

微课的时长只有五分钟左右，因此在选择主题时，必须要考虑到课程的重难点。这些知识点需要具备一定的独立性、示范性和完整性。学生可以通过这些内容更深入地理解和掌握一门课程，从而更有自信、更积极地学习。此外，教学计划也应该符合学生的认知心理，紧密围绕主题，以确保授课的清晰性和逻辑性。

（二）微课的制作过程

微课的制作过程是一个较为复杂的系统工程，制作之前一般要经过前期的可行性分析、分析知识单元、确定序列结构、设计教学内容、设计教学交互、脚本的编写、视频开发与制作、微课实施设计、反馈与优化九个基本环节。

1. 可行性分析

对微课开发的必要性和实用性等进行研究是微课可行性研究的核心

任务。这项研究主要通过调查研究，来评估微课在教学中的实用性和可行性、学生的学习需求、经济效益（制作成本和利用率），以及在开发过程中是否有技术和人才的保障。主要包括以下几个部分。

（1）微课开发在课程中的必要性

微课制作者需要对课程内容有全方位的理解和掌握，应明确哪些知识点需要制作微课，哪些知识点不适合制作微课，应选择具有代表性和普遍性的关键知识作为微课的开发目标。

（2）微课对学习者的作用分析

研究微课对学生的影响，探讨学生的思维和认知模式，回答为何这个知识点是学生学习的难题或重点，探讨微课展示的内容和使用的方式，采用更适合学生的微学习方法。

（3）微课开发的人才和技术保证

微课的主流形态包括视频、动态图像和音乐。在创建视频时，必须进行视频录制与后期处理，相关的工具包括 Adobe Premiere 或者会声会影，如果情况较为复杂，也能选择 Autodesk Maya。动画可以被划分为三维和二维，需要运用 Autodesk 3DS Max 或 Macromedia Flash 等工具。而在音频方面，则需要进行音频创建与素材融合。所以，微课的开发过程中，必须拥有熟练掌握视听音频使用技巧的专业人士。

（4）微课的后期利用率研究

可行性分析还需要评估后续的使用率，并分析学生对这个知识点是否有强烈的需求。对于需求不大的知识点，微课的制作并不适宜。微课制作者应确保开发完成后的微课能够产生较高的使用量，并且在课程教学中占有重要地位。

（5）微课开发的成本分析

开发微课的花费主要包括脚本撰写、视频录制、3D 创建、字幕设计、音频配乐、服务器租赁等。微课通常不会采用高清视频格式，这样做是为了方便网络传播。因此，它对于电脑等硬件设备的需求并不大，主要的花费在于软件使用成本和人力资源。

2. 分析知识单元

对于每个微课来说，知识单元都是用来呈现给学生的重点，因此，对这些知识单元进行深入的解读和理解，成了微课程设计的主要职责。在制定这些知识单元时，必须确保它们能够满足教育的目的。

在微课程的教育目的上，存在两个等级，即一般性目标以及在此基础上进行的具体目标。一般性目标可以分为认知目标、情感目标和技能目标三种。微课程由此可以分为认知型微课程、情感型微课程、技能型微课程三种类型。

认知型微课程涉及认知领域的目标，主要涵盖学科基础知识，是教学过程的起点和终点。本型微课程是日常教学的重要组成部分，其基本内容是掌握学科的陈述性知识。在设计微课程的认知目标时，可以参考教材方案，根据方案的知识层次和结构来决定微课程的目标层次。

情感型微课程侧重于情感、态度、价值观的塑造，但教师不能以传授知识的形式"灌输"给学生。因此，针对这一目标，微课程应该采取更加灵活的方法。例如，可以将人们的情感、态度、价值观的形成与贴近生活的学习活动联系起来，让学生获得情感体验。微课程应该秉持人本主义的理念，将外在的价值观转化为个人的价值观，从而构建出具有个性化的价值体系。

技能型微课程主要侧重于培养学生的操作技巧。在具体教学中，可以将虚拟体验操作等融入微课程设计中，提高学生的实践能力。

3. 确立序列结构

在对知识点进行解读之后，我们需要构建特定的顺序结构。这里的顺序结构化和微课的半顺序结构化有所区别，但并不冲突。在微课中，半顺序结构化意味着我们无须过于局限于传播的微型课程的结构,而是可以通过结构化的方式,使知识点之间的关联性得以更有效地融入教科书的知识结构中,从而使微课能够更全面地支持课堂的教育。在设定序列架构的过程中,我们需要努力实现其全面性与可变性的融合。全面的内容可以为微课提供一个全面的教育框架,并且可以满足大部分处于一般水准的学生的需求,从而帮助他们通过不断的学习来实现教学目标。还需要考虑到学生的个性,让学生有选择地进行分层学习。一般来说,微课是以教材为基础开发的,知识单元的顺序比较简单。知识单位的顺序结构可以由对知识单位的分析和教材的目标系统来决定。微课制作的序列化的过程可以从抽象到具体构建学习目标树,逐步深化,其中最基本的子叶是具有明确目标的知识单元。如果对各级教育目标的分类学特征分类不明确、概念的归属不清晰,那么使用 ISM 解释结构模型是完全合适的。它包括以下步骤:提取知识元素和设定教育子目标;确认各个子目标之间的直接链接,建立对应的连接矩阵;教育目标的关系图用连接矩阵计算;把图形分解成关系树;反复浏览关系树,去除重复的部分。像这样,就可以制作目标序列,得到的关系图就能够被应用于实现知识单元的序列化。

4. 设计教学内容

微课中的教学内容主要由教科书内容和辅助内容组成。从教科书分析中得到的知识单元的内容是各微课的中心主题。显示教材内容的主要方法是微视频。根据不同类型的微课,微视频呈现出不同的特点。微视频的构建主要包括以下几个部分。

(1) 主题设计

首先,微视频必须根据知识单位的内容来定义重点和难点。由于知识单位都是小知识,所以一个单位一般只包含一两个重点和难点。其次,对于以知识为主题的认知型微课来说,微视频的关键是理解基本概念和原则，难点在于掌握复杂的概念和原则。微课侧重于情感、态度和价值观的培养，微视频重视学生的情感体验，主题必须与生活密切相关。通过展示和说明案例，教师呈现出对案例的感情、态度、价值判断、逻辑思考，向学习者传递正确的、价值观。技术型微课主要介绍各种技术行为、技术流程、操作标准、判断和应急处理。例如，对体育动作进行详细的说明，讲述实验课的操作步骤和预防措施，培养学生的防火、防震技能。而混合微课通常不仅仅是一个培养目标，有时还会涵盖 2～3 个领域。微课制作者需要明确这类微课的主题，并根据这个主题来进行灵活的混合式设计。

（2）过程设计

微视频作为一种对课堂教育的精炼呈现，它的流程既简明又全面，大概需 10 分钟，最多不超过 15 分钟。在如此有限的时间里，教师需要实施如主题吸引、内容阐述、结束部分等步骤，并且需保持适当的节奏和流畅性。

快速引入课题。通过迅速融合主要的教学内容，教师要为学员创造一个良好的学习环境或支撑结构，这样才能使课堂教学效果更佳。教师可以开门见山，也可以从一个吸引人的故事、一个难题的探索、一段充满想象力的部分出发，使学习者能够立即对这个课程的教学内容感到兴奋，并理解其中的重要部分。在微课的指导环节，教师需要尽量创新并吸引学习者的视线。这个环节的持续时间应控制在半分钟至一分半钟的范围内。

内容解读的主旨明确，论述简洁而深入。在引入主题后，便开始进行内容阐述。教师要根据知识单元的内容要求、课程培训目标和微课类型特点，解释专题。阐述时的主线应该清晰，重点突出且逻辑严谨，以免观众产生新的疑惑。去除无关紧要的例子和证据，案例应尽可能精练且简洁，以确保论据的准确性和强度。主要内容的解释方法应该多样化，根据知识的特点，运用启发问题、案例分析、故事隐喻、正反比较等方法，使学生保持集中力。

总结迅速而高效。作为一项在讲解内容后迅速展开的关键任务，总结能够协助学生整理思路、弥补遗漏、深化记忆，同时也为学生提供了一段吸收新知识的时间，使之与已有的知识经验相融合。优秀的总结通常具有独特性、概括性和创新性，在课堂上起到了突出的作用。

题目测验和作业布置。总结之后，教师可以展示一个经典的分析案例。理论的抽象需要实践经验的支持，实践可以帮助学生在解决问题的过程中，重新理解讲解和概括过程中没有完全理解的部分。这部分内容的具体比例可以根据实际情况调整。老师可以给学生布置作业，让他们在课后练习。通过集成的云平台，老师和学生可以随时查看、解释、回答问题。

（3）教学语言设计

由于微视频的节奏快，教师有时很难有效管理讲解时间。所以，事先计划好解说词和解释结构是很重要的。教师的教学语言必须简洁、明了、有感染力，如果可以的话，最好使用手势和表情。在说明重难点时，教师需要提取关键词，并与实际内容紧密联系起来。认知型微课需要注意关键词和规则的重复。根据认知心理学，不断的反复有助于短期记忆的稳定和长期记忆。在情感微课的教学中，教师要注意使用恰当的词汇，把语言的情感与课程情感态度的目标结合起来，用有力量的语言向学生传递思想和价值观。在技能类微课教学中，教师的行为和语言密切相关，其语言必须客观准确地描述每个行为和步骤。

（4）辅助内容设计

微课的基本资源是微视频，除此之外，还需要辅助内容资源来支持和优化课程。这些辅助内容可以根据微视频内容的关系来分类，如支持性内容、可扩展性内容等。这些资源以视频、图像、链接等形式呈现。支持性材料为课程内容提供知识的逻辑支持、基础理论支持和经典问题解决过程支持。微视频的持续时间很短，讲解部分和示例也很简洁，部分内容可以保存在微课程资源包中。可扩展性知识与课程主题密切相关。根据最新的发展区理论和个性化学习理念，学生在掌握了课程主题的学习之后，能够对他们所喜欢的知识进行更深入的研究。这种研究是基于他们的兴趣、情绪等内在驱动力而进行的，其效果非常显著。此外，微课可以利用外延性内容所提供的连接，超越传统的课程架构，与其他微课建立联系。这种连接并非传统的课程架构，而是一种较为脆弱的连接，但却能够提升课程的灵活性和学生的活跃度。

5. 设计教学交互

微课的建设应该以云平台为基础，利用其一体化的优势来实现便利的师生互动。微课的开发不仅要创造资源，更要融入平台的建设。

（1）学习专题设计研究性

学习是素质教育的核心要素，主要通过学习主题展开，旨在培养学生的创新思维与创新技能、跨学科整合能力和团队意识。微课的知识单元目标比较简单。在微课的实施过程中，可以从一个或多个微课的主题中提取研究性学习主题。微课平台设有学习主题模块，可有效支持学习主题的实施。通过云平台通知模块，设计专题通知、专题任务，包括项目主题、目标、实施计划、研究小组分配、进度、结果公布、验收评审等。项目的主题是由围绕一个主题的一个或多个微课构建的，其具体的陈述包括需要解决的实际问题、文章的概述、实验的想法等等。微课制作者可以在教材的某一章之前进行专题的设计，作为一章学习的支持。这种主题的规模应适中，目标是让学生能够快速掌握各个章节的知识，并尽可能弥补他们在学习基础和背景上的差异。大部分的专题都是基于实际成果来设计、编写报告、进行调查和证明，以及执行实验的。

（2）教学问答设计

微课的教育模式以学生为核心，创造了一个资源丰富的环境，强调了学生的主观能动性和自我学习的潜力。然而，从目前的微课执行情况来看，微课的师生交流还有待提高。借助云问答系统，微课可以改善师生之间的交流。针对问答平台人流量低迷和参与者热情不足的状况，教师和学生都应该主动提升对问答平台的运用热情，充分发挥其教学作用。在微课程中，教师运用问答平台进行教学辅助，应当特别留意以下几个方面。

① 在设计问题时，应与教科书相融合，以达到预期的教学目标，与教科书的主题相契合；重视提出有趣的问题，并尽量使用经典案例和故事；创造吸引人的场景通常会让效率大大提高，而与日常生活紧密相关的问题则更容易引发人们的共鸣；问题的难度应逐渐增加，并逐步向前推进；教育工作者需要通过提出问题来激发学生的开放思维，而非仅仅简单地给出正确答案；在设定问题的难度时，需要考虑到学生的平均水平，以便问题能够激发广泛的讨论；对于那些过于复杂或困难的问题，教师需要在课堂或其他场合直接解答；及时地进行反馈、调整，并且灵活地回答学生的问题。

② 在探讨问题时，教师应该指导学生围绕主题进行，避免偏离主题。问题应具有创新性，可以通过探讨逐步加深理解。同样，答案也应具有创新性，可以通过探讨逐渐优化。

③ 评价应公正客观，接纳各种观点。教师对特殊观点的阐述和批评，也是一种隐性知识的传递。

④ 实施奖惩制度，对优秀的问题和回答应及时给予奖励，将学生在问答系统中的累积表现纳入学业评估体系。这种方法非常能激发学生的积极性和主动性。

（3）实践活动设计

微课通常以微视频为主。但是，由于半结构的性质，小型微课可以以各种方式组织。例如，为了达成预定的教学目标，必须组织教育实践活动。这时候，微型课堂可以使用实际和虚拟模拟法，使用微视频制定实践过程的标准，说明实际情况、实践重点、实践细节、评价规则等，或者运用虚拟设备和课件，让学生在虚拟的环境中练习。例如，用 Flash 软件来模拟化学实验。目前，微课的主要资源是活动程序，其中微视频作为辅助工具。微视频主要用于展示事件的重点，说明事件的原理。合理的活动计划应该尽可能简单，直接面向微课的目标。

6. 脚本的编写

根据微课的制作过程，脚本可以分为微视频设计脚本、微课信息脚本、支持性资源清单、学习专题设计脚本、学习活动设计脚本。

（1）微视频设计脚本

微视频设计脚本是一个专门为微视频的主题和流程而精心构建的表格。这个脚本主要是在制作微视频时进行参考。微视频设计脚本主要包含录屏式脚本和录像式脚本两种。

（2）微课信息脚本

微课信息脚本是一种文档，用于记录微课的内容、与其他微课的联系以及维护结果。在这个部分，相关知识的构建包含在微课资源包的"接口"部分中，它为微课提供了无法通过课程大纲获得的知识，显示了微课的开放性。微课的维护记录反映了微课的革新。

（3）支持性资源清单

通常，支持资源清单主要以媒体清单资源为主，随着微课的不断更新和维护，它也需要及时调整。在支持资源少的地方它不一定存在。不过，如果支持资料充实的话，花时间将它做成列表对老师和学生都方便。

（4）学习专题设计脚本

教学交互设计中的一个部分就是学习专题设计。它并不是一个独立的微课，而是与一节或几节紧密联系的微课相关的自主学习方式。因此，在设计学习项目时，为了帮助学生完成项目任务，还需要建立与相关资源练习的"接口"部分。

（5）学习活动设计脚本

教学交互设计的组成部分包括了学习活动的设计。这些活动主要是针对某个或几个带有实际操作特点的微课而进行的。在设计学习活动的过程中，也必须考虑到活动的目的、方法、时长以及与之相关的微课。

7. 视频开发与制作

微视频的开发和制作方法灵活、门槛较低。微视频的一般制作包括使用电脑屏幕录制软件录制课程和使用录像设备录制课程。

（1）PowerPoint 演示文稿（以下简称 PPT）＋解说词＋录课软件

首先，准备课程 PPT 和解说词。PPT 应尽可能地简洁和美观，避免过于华丽而缺乏实质性。PPT 的设计应当合理，单页内容不应过多。如果 PPT 内容过于丰富、变化频繁，会让学生眼花缭乱，单位时间内的认知压力也会变大。因此，如果 PPT 内容太多，就需要进行剪切，否则即使微课的时间被限制在 10 分钟左右，但是学生在学习的时候仍需要花费很长的时间，这和微课的初衷是不一样的。所以，教师不应该直接使用课堂上的 PPT，而应该进行必要的调整。建议在讲解之前就预先制定好解说词，不需要一字一句地编写，但是必须明确大纲、把握好关键点和合理安排讲解时间。其次，准备课程录制软件。Camtasia Studio、屏幕录像大师、BB Flashback 等是电脑端录课的常用工具。这些工具功能强劲、操作方便，只需要接受基础的培训就能熟练使用。通常，720×576、1 024×768、1 280×800 的视频分辨率是录制的主流，帧速度不应超过 25FPS，最佳的录制颜色是 16 位（bit），mpg2、wmv、avi 等格式是理想的保存方式。最后是后期编辑。编辑工具有 premiere、edius、大洋等。后期剪辑的主要目的是消除录音中的错误、重复的内容和语言错误，修正不清晰的声音，以及应用适当的特效包装技术。微课的编辑与电影、电视节目的编辑不同，它的主要目的是清晰、完美地传达教学内容。因此，微视频在选择画面时，不应过于依赖画面的连贯性和完整性，但应尽可能确保教学过程的流畅性，避免产生歧义。

（2）绘图板＋电子白板软件＋解说词＋录课软件

结合计算机绘图软件和电子白板软件，教师可以手写教学板书。它可以用来展示推理和复杂关系，就像在黑板上写一样，给教师自由教学的空间。常用的图形软件和电子白板软件有 photoshop、painter、EduOffice等，教师通过短期培训，对该课程相关软件的操作可以很快掌握。图片、音频、视频、实物等教学元素可以在录课时用其他软件展示和进行后期编辑。

（3）纸笔/电子白板/液晶屏幕/抠像技术＋摄像机

电子白板和交互式液晶屏幕具有非常强的交互性，可以直接用笔书写和显示多媒体文件，是一种非常理想的显示平台，但是成本比较高。液晶投影设备和投影机能够以较低的成本显示 PPS 和多媒体文件，制作成本与前者相比较低。此外，工作人员还可以利用抠像技术在背景上初步采集绿色和蓝色后，通过后期制作软件删除背景颜色，加入动态背景、知识要点和音画资源。在这个方案中，一个摄像头就足够了，摄影由专业摄影师负责，老师不需要担心细节参数设置。

（4）对已有视频资源后期剪辑改造

这个方案成本低，教师也能快速参与。初期的视频资源一般都需要很长时间来构建，不符合现在的微课的设计理念。但是，经过多年的积累，最初的视频资源已经形成了一定的规模，通过重新设计和进一步改进，可以迅速转换为微视频，避免重复搭建微课造成的资源浪费。

微视频制作策略的差异非常大、多种多样，以上也只是提供了代表性的策略。在微视频的制作过程中，微视频制作者可以充分考虑时间、经济和技术等因素，采用多种灵活的手段来制作微课。

8. 微课实施设计

（1）与翻转课堂相结合

在实施微课的过程中，常常会将它与翻转课堂的模式相融合。翻转课堂的核心就是把知识的传递和吸收这两个阶段的场景颠倒过来，换句话说，就是让学生在开始上课之前先去理解课程的内容，而教师则会在课程正式开始时帮助学生处理一些困扰他们的问题。从另一个角度来看，在翻转课堂教学模式的学习阶段，学生在上课之前就已经接受了新知识，教师向学生进行二次知识传递时，就可以大大减小学生的认知压力，从而提升其学习效果。2007 年，翻转课堂教学模式因其显著效果而得到迅速普及。当翻转课堂教学在大学实施时，其主要目的是为学生提供基于视频的学习资源。放学后进行翻转课堂学习，学生不一定能长期坚持。因此，教师利用微课的形式向学生提供课外学习资源，能够使学生更好地利用分散的空闲时间进行学习。另外，如果老师使用这个方法，还能减轻课堂压力，因为微视频可以多次使用，只需日常维护和处理学生反馈就足够了。

（2）与移动学习相结合

移动学习是以数字化学习为基础，有效运用移动计算技术，使学习者随时随地都能学习的一种新的学习方法。这样的学习方式被认为是将来的趋势。随着智能平台的日益普及，利用 Web 技术和 app 应用技术，移动设备具有了更强的资源显示和交互功能。例如，云平台拥有大量的磁盘空间，不仅可以增加移动设备的容量，还可以在线阅读常见的文本、图像、音频和视频格式，这得益于强大的多媒体在线阅览功能。它不仅提供对话功能，用户还可以提问和评价资源。因此，微课的实施与移动学习相结合，为学习者提供了极大的便利。微课小型化和开放性的优点也反映在移动学习环境中，学生可以利用分散的时间随时随地学习。

9. 反馈与优化

微课的生成特性意味着其内容会随着时间不断更新和改善。在实施微课的过程中，教师不仅会将微课发送给学生，让他们自己学习，还会随时关注学生的学习情况。教育工作者能够借助日常的监控、作业的完成状态、考试的结果、问卷的调研、访谈等途径，收集学生的反馈信息，进一步识别微课资源的缺陷，思考改进的路径。在微课的创建初期，开发人员已经准备好了各类信息脚本，这对未来的修订和维护极其有益。

第三节　高校外语教学对微课的应用

一些高校里文学史类课程普遍存在"赶进度""满堂灌"现象，学生很少有时间去阅读原著，也很难有创新的想法和思维。在网络环境的影响下，学生更喜欢"快餐阅读"，无法静下心来去欣赏经典作品。为了真正激发学生的文学热情、增强他们的艺术鉴赏技巧，有效的方法便是开发微课、搭建网络课程以及运用翻转课堂的教学模式。

在某大学的"英国文学史"课程的更新过程里，策划人员把微课、网络课程视为传统课程的扩展与补充，把翻转课堂视为激励学生积极参与学习并进行批判性思考的重点领域，从而逐步塑造出了多元的教学模式。

该设计团队教师根据文学体裁将教学内容划分为八个版块，即英国文学史概览、诗歌、散文、戏剧、现实主义小说、现代主义小说、后现代主义小说和总结，"课程视频"作为教学的主体，"课程课件"作为教学的大纲，"课程微课"则是教学的关键环节，"纵深阅读"以及"练习与实践"则是教学的具体操作，而"在线交流"则作为教学过程的拓展，同时也提供了教学者与学生之间的互动平台。教学小组的成员会依照创作者、创意、形式或者关键问题，收集所需的资料，编排微型影片的剧本。同时，根据教学内容，要求学生观看相关的演讲视频、阅读原著、在网上提交作业、根据在线题库开展自我检测。总而言之，"英国文学史"微课给学生提供了大量可持续开发的学习资源，非常适合在多模态形式下开展教学。

该设计团队根据教学内容的特点，制作了四类微课：说明型微课，旨在让学生了解该课程的基本内涵、设计原理与方法、测评标准与依据；呈现型微课，利用关键文学知识节点，如作家关系等设计制作微课，使学生对文学史有一个框架性的认识；讲授型微课，旨在通过微视频向学生进行知识的可视化呈现，便于他们对知识的管理，增强其逻辑思维能力；任务/活动类微课为深入浅出、活泼有趣的教学活动，主要包括微戏剧表演、微剧本创作等。每类微课的设计都会充分考虑到该部分内容的特点，展示它的特色。比如，展示型微课的微视频设计涵盖了脚本、开头、结尾和主体四个部分。通过电子黑板、文字展示画外音、作家肖像、动漫和音乐等内容呈现了作家的文学成就，画面动静相间，充满了趣味性。微课教学中广泛运用图像、动画和视频，使抽象的概念和理论变得生动、具体，更易于被学生理解和接受。

第六章 翻转课堂

以微课作为基础，翻转课堂实际上是一次对传统教育模式的重大改革。翻转课堂不仅显著地加快了知识的传播速度，也让学生有更多的时间和精力去进行深化和创新，通过展示、交流、辨论等环节，提高他们的观察能力和思考能力。

第一节 翻转课堂的发展与运用

一、翻转课堂概念的界定

在翻转课堂的定义上，学术界尚未形成一个统一的观念。目前，部分人对翻转课堂的理解仍然停留在描述其执行过程的层面，因此，对翻转课堂内涵的深度解析仍然非常必要。

翻转课堂英文名称为"Flipped Classroom"，通常也称为翻转教学、颠倒课堂、翻转学习、颠倒教室、反转教室、翻转课堂、翻转教室等。通常，学生的学习过程可以被划分为两个主要阶段：首先是知识的传递阶段；其次是知识的吸收和消化阶段，也就是知识的内化阶段。虽然这两个阶段无法严格区分，但总的来说，知识的传授和感知应该是首要的，而知识的内化和深度理解则是后发生的。在传统的教学模式中，教师主要负责知识的传授，而学生则需要通过课后完成作业或实践来实现知识的内化。

事实上，翻转课堂的含义，仅仅是对教室的重新设计。如此一来，将以往需要在课上进行的知识传授任务，替换为在课前进行，或者将以往需要在课后进行的知识吸收任务，替换为在课上进行都可以被视作是对翻转课堂的基础阐述。"将信息技术融入""提供哪些教学资料""如何组织课堂"这类的问题，不是翻转教学的初衷，而是在执行翻转教学的过程中逐渐形成的新课题。

教育者应该给予学生自由，让他们在课堂之外选择最合适的方法获取新知识。同时，还需要在课堂上引导学生进行"知识内化"，增加学生与学生、教师之间的交流。

在传统的教育方法里，信息的传播与知识的吸收是由老师的课堂讲解和学生的课后任务、实际操作来完成的。然而，在翻转式的教学模式里，老师给予学生更大的学习空间，利用网络等多媒体工具，让学生通过录制的教学视频，在课前完成知识的传授，这个过程中，学生能够自由挑选最符合他们的学习方法，在课前已经进行了深度的学习；而知识的吸收则是在课堂上进行的。如此一来，教师与学生、学生与学生之间的交流和沟通将大大增加，双方进一步通过课堂中的互动，将对问题的研究推向更高的水平。

大部分人所理解的翻转课堂只是"课前教授＋课上吸收"的教学模式，这与传统的教学方式截然不同，但他们忽视了两个重要的因素：一是课前真正进行了深度学习；二是师生双方能够真实地借助课堂上的观点交流将对问题的研究推向更深的层次。学生在观看教学视频并进行课前练习的过程中，并非仅仅是对知识的初步预习，而是对新知识的深度理解。这就需要制作的教学视频能够让学生自我学习，并且最终获得的学习效果不逊于在课堂上的教学。同时，我们也需要理解到翻转课堂和在线视频并非同一概念，翻转课堂最关键的价值在于高效的面对面互动学习活动。

二、翻转课堂的发展

2010 年左右，翻转课堂真正开始普及，有三个人物对这个教学模式产生了巨大的影响，分别是乔纳森·伯格曼、亚伦·萨姆斯、萨尔曼·可汗。其中乔纳森·伯格曼和亚伦·萨姆斯是科罗拉多州伍德兰公园高中的化学老师，萨尔曼·可汗则创办了可汗学院。

美国林地公园高中科学学科的两位化学教师伯格曼和萨姆斯在教学中发现一个很普遍且严重的问题，有些学生由于各种原因而跟不上老师讲课的节奏，还有许多学生由于太过忙碌而缺课，从而跟不上学习进度。

在 2007 年的春天，伯格曼和萨姆斯致力于最大限度地解决这些难题，他们开始利用屏幕捕捉软件来录制演示文稿并进行播放和讲解。他们将融合了实时讲解和 PPT 的视频上传至互联网，以便为没有参与课堂教学的学生提供补课服务，这赋予了学生极高的自我管理权。在短时间内，这些网络教育资源得到了大量学生的认可和广泛传播。与此同时，两位老师节约了上课时间，使学生可以在家看视频、听讲解。两位老师则可以有更多的时间帮助在作业和实验上遇到困难的学生。经过测试，他们发现在这种情况下，学生的考试成绩持续提升。虽然他们并未正式提出"翻转课堂"这个概念，但是在媒体将之命名为"the Flipped Classroom"（翻转课堂）后，这个词迅速在美国乃至全球范围内流传开来，从此"翻转课堂"便被正式定义为一个专业术语。

但这一时期，"翻转课堂"的影响也主要局限于美国科罗拉多州的部分地区，并没有在更大范围内得到推广。最大的障碍之一是制作视频，并不是所有的老师都能做出符合要求的教学视频。

直至 2011 年左右，翻转课堂才走红全世界，并被教育工作者广泛认可和使用。这与可汗学院以及慕课的流行密不可分，可汗学院和慕课提供了大量高质量的教学视频，大大降低了教师采用翻转课堂进行教学的门槛。

萨尔曼·可汗是翻转课堂里程碑式的人物，他取得了麻省理工学院数学学士学位、电气工程学士学位、计算机科学硕士学位，毕业于哈佛商学院，之后他在证券和期货对冲基金工作。2004 年，为了帮助远方的 12 岁表妹纳迪亚解决数学学习上的困难，可汗通过聊天软件、互动写字板和电话对表妹进行远程辅导，很快就帮助表妹提高了数学成绩。后来，为了帮助其他亲戚朋友的孩子，可汗干脆把自己的教学过程制作成视频，放到 YouTube 网站上，供其他人免费观看和学习。没想到可汗的视频受到了网友们的热捧，使很多学有困难的学习者受益。

为了更好地从事这项工作，可汗于 2009 年辞去工作，创办了可汗学院，全身心地投入在线教育。比尔·盖茨对可汗学院较为关注，比尔与梅琳达·盖茨的基金，还有谷歌公司的数百万美元援助，都极大地帮助可汗学院提升了教学内容品质，同时也优化了其网站的各项功能。一夜之间，可汗学院迅速红遍美国。2011 年，萨尔曼·可汗在"技术·娱乐·设计"（Technology Entertainment Design，简称 TED）大会上的演讲《用视频重新创造教育》使全球的教育专家们都开始重视起翻转课堂。萨尔曼在此次演讲中，深入解释了翻转课堂的产生原因、含义和可汗学院的实际操作方式。可汗学院的网络教学环境如图 6-1-1 所示[①]。

"电子校园新闻网"是美国著名在线教育媒体，翻转课堂是它评选出的"2011 年十大教育技术事件"之一。2011 年 7 月，第一届翻转课堂会

---

① 柯清超. 超越与变革：翻转课堂与项目学习［M］. 北京：高等教育出版社，2018.

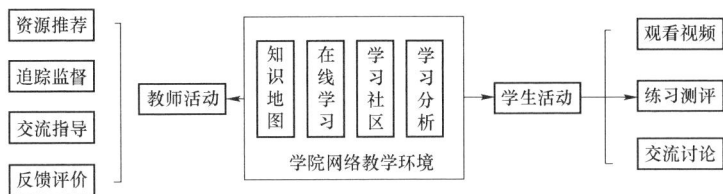

图 6-1-1 可汗学院的网络教学环境

议在美国召开。此次会议以深入探索翻转课堂、全面说明为目的。会议明确了教师作为授课指导者的定位。次年 4 月，科罗拉多州再次举办了翻转课堂会议，就翻转课堂的性质和存在方式展开了讨论。与此同时，加拿大、澳大利亚、新加坡等世界其他国家的学校也先后进行了翻转课堂的教学改革试验，翻转课堂在全球范围内得到推广。社会的发展，尤其是网络信息技术的发展一日千里，深刻改变了包括教育在内的各行各业，为教育创新提供了以往时代所不具备的可能性和条件。可汗学院在中小学领域的成功也启发了大学教育。

2012 年也被称为慕课元年，慕课开始呈现出井喷和蔓延之势。Udacity、sera、edX 被称为当今世界三大慕课平台，深刻地影响了传统高等教育。翻转课堂和慕课在这样的背景下产生和流行，并互相影响、互相促进，正是顺应了社会和时代发展对人才培养的必然要求，体现了未来教育的特征。

三、翻转课堂在国内外的实践运用

自 2011 年起，全球范围内的翻转课堂热潮如火如荼，迅速引发了教育界的广泛关注。美国的《时代》周刊和加拿大的《环球邮报》等媒体都将翻转课堂视为对课堂教学产生重大影响的技术革新。

翻转式改革的实践，真正为学生提供了充分自主学习的空间，使学生学会认真学习，勇于探索知识，自主感受学习的成功，学会与他人合作，学会分享；教师对学生进行个性化的学习指导，开展分层教学，真正实现了针对性的教学。对百花齐放的国内外翻转课堂实践进行深入分析研究，有利于厘清翻转课堂的类型和预见未来发展趋势、准确把握翻转的本质，从而开展更加符合实际的有效翻转改革。

利用互联网思维进行创新教学的翻转课堂，其基础在于将互联网的开放、分享、公正和自由等属性与教育教学的基本原则融为一体，从而对教师和学生的关系、教学行为以及课程主题等进行重新设定和反思。翻转式课堂是在课堂教学体系的框架下，将网络学习的新思想引入课堂教学的一种新的教学方式，它扩大了课堂的时间和空间，使传统课堂的群体教学和个人学习在网络时代实现了有效整合。网络时代的翻转课堂作为一种全新的教学模式，在国内外教学实践中的成功运用，颠覆了传统课堂教学的基本结构，为课程教学改革注入了新的活力。

（一）翻转课堂在国外的实践运用

自 2011 年萨尔曼·可汗的演讲播出以来，翻转课堂迅速成为世界教育界的热门话题，世界各国都刮起了翻转课堂的实践之风，国内外都摸索出了许多成功案例。这些成功实践对于指导新时代高校课程翻转课堂实践有着重要的参考价值。

1. 美国：翻转课堂的发源地和实践重地

美国作为翻转课堂的发源地和实践重地，在各种各样的教学模式创新中，涌现了诸多精彩案例，总体而言可以归纳为 5 种典型的翻转课堂范式。

（1）林地公园高中模型

科罗拉多州林地公园高中的乔纳森·伯格曼和亚伦·萨姆斯开发了一

种经典的翻转教学模式，他们把在线阅读的视频当作作业，然后在课堂上进行本该是作业的练习。在观察到一些学生没有电脑或无法上网的情况下，他们为这些学生准备了 DVD 和 CD，让他们在家中通过电视观看。与此同时，课堂上除了练习以外，还增加了探索活动和实验。两位老师认为翻转课堂教学的优势是让学生对自己的学习负责，是一种容易实现个性化和差异化的教学方法；让学生的学习成为课堂的中心；及时向学生提供反馈，减少教师的文书工作；给学生提供补习的机会；使学习途径多样化，给学生充分的选择；等等。

（2）可汗学院模型

可汗学院的"翻转课堂"教学方式主要依赖于视频的传播。可汗学院充分发挥了网络传播的优势，并且凭借可反复观看的特点，获得了越来越多人的喜爱。其每一部分的课程影片大概 10 分钟，它们都是从简单的知识点出发，逐步深入，形成一个连贯的学习过程。学生可以通过可汗学院制作的教学视频，依据他们自己的学习计划在家里学习，并在课堂上与教师及其他学员共同探讨问题。这样不仅能够激发学生的学习热情，也能满足他们的特定学习需要。可汗学院开发的课堂练习系统能够迅速找出学生被问题困扰的具体情况，这样教师能够立即提供帮助；同时，它还融入了游戏化的学习方式，并对学习表现优秀的学生提供了奖章作为奖励。这种实践体系的设计简化了传统教学中通过考试来发现学习、教学方面负面问题的复杂方式。

（3）河畔联合学区模型

在美国加利福尼亚州的河边联合学校，翻转课堂的主要优势在于使用了数码互动的教科书。这种专门为试验设计的互动教科书，汇集了各种多样的媒介，如文档、照片、3D 动画以及影像等，并且整合了笔记、沟通以及共享的功能。kipp 学校的情况也是如此，它们也是利用互动教材进行教学，这种方式不仅可以减少教师的授课时长，也可以让学生在学习的同时更加投入。这种方式在某些情况下，可以被认为是在使用自制的视频资源或者教学素材进行翻转式的授课。

（4）哈佛大学模型

埃里克·马祖尔（Eric Mazur）博士提出了一种将翻转学习与同伴教学相融合的方法。这个方法的核心在于，在上课前，学生需要通过观看视频、听取播客的讲解，以及阅读文章，激发他们的原始知识储备，从而进行问题的思考和预备；接着，学生需要揭示在学习过程中遇到的困难，并提出自己的疑惑；然后，学生可以在社交媒体上分享他们的疑惑，而教师则需要对这些疑惑进行系统的梳理，以便有针对性地制订教学计划和选取课堂学习资源。在授课过程中，教师运用苏格拉底的教育方式，引导学生进行疑问和挑战，鼓励学生通过团队合作来共同解答他人的疑惑或者帮助他人解决问题。教师的角色是倾听对话，并向那些需要帮助的个体或团队提供支持。

（5）斯坦福大学模型

斯坦福大学的研究团队在进行翻转课堂实验后发现，仅仅把讲座视频上传到网络上，就会变得像传统课堂一样枯燥。因此，他们开发了一个在线讲座系统，每隔 15 分钟就会弹出一个小测验，以便及时了解学生的知识掌握情况。另外，他们在实验过程中加入了社交媒体的元素，允许学生们相互提问。实验结果表明，学生们在实验中的互动效果非常好。这种"共享学习"的方式非常有效。

2. 加拿大：由点及面的深度实践

在加拿大不列颠哥伦比亚省，早期的慕课和翻转课堂实践已经开始进行，其中吉隆纳市的欧肯那根中学是这个领域的领头羊。2011 至 2012 学年，学校的数学教师格拉哈姆·约翰逊和生物教师卡罗琳·多莉开始引导学生尝试慕课学习和翻转课堂。在课程开始前，学生可以自由地学习视频讲解，并做好课程准备；在课堂上，他们更倾向于进行探索、手动操作和解决问题。这种教学方式的创新受到了学生和家长的热烈欢迎。这种尝试也得到了同行的赞同。2012 年 6 月，欧肯那根中学举办了一场翻转课堂教学研讨会，进一步推广了翻转课堂教学模式，并建立了专门的网站（http://www.canflip.ca/）。让对此感兴趣的教师共同参与网络讨论和研究。

3. 新加坡：在政府推动之下成效显著

新加坡政府积极推进慕课和翻转课堂在基础教育领域的运用。1997年，新加坡教育部已经开始将技术和教育相融合，并设计了一个分三阶段的教育计划"大师蓝图"，旨在帮助学生快速适应新环境，变成独立的学习者，而翻转课堂的教学便是关键环节。2013—2018 年，新加坡政府专门为接受基础教育的学生设计了一个名为"地平线项目"的活动，其主要目标是增强学生的信息技能，"翻转课堂"是该项目的核心部分。2013 年9 月 25 日，新加坡发布了《学生中心，价值驱动的教育：为终身学习奠定宽厚基础》的工作报告，翻转课堂的教学模式受到了广泛认可。在政府与教育机构的积极推进下，新加坡的大学、中学以及小学已经普遍采纳了慕课学习和翻转课堂的方法。

4. 澳大利亚：大中小学联手共同推动

澳大利亚昆士兰大学（University of Queensland）以及昆士兰州立高中（Brisbane State High School）对于翻转教学的探索与应用表现出了极大的热情。他们对"慕课学习和翻转课堂""采用这种方式的原因"以及"何时开始应用"这些议题进行了全面探讨。

在昆士兰州的一所州立高中，教师们发现翻转课堂的优点包括：学生可以提前掌握知识，并对先前学习的内容进行反思，这有助于确定课程的重点；教师可以与学生进行深度交流，课堂上的深度交流有助于培养学生的高级思维能力；老师可以帮助学生更好地理解和掌握这些概念，对他们进行引导；学生能够独立思考，会进一步提高能力。同时，他们也提出了执行翻转课堂所需要考虑的问题：学生在课前应得到适当的指导，明确课前学习的目的和内容，使课堂学习更有意义和价值；学生在课堂上面临不同的学习任务，对课堂管理有更高的要求；学生对教师的教学质量也有了更高的要求，教师要设计、指导、管理学生的学习。

（二）翻转课堂在国内的实践运用

在引入翻转课堂的概念之前，国内就已经存在相关的教育观念。20世纪80年代，江苏省木渎高级中学开发了一种以任务为主导、以问题为导向的自主学习教学改革方法，这种教学改革方法已经孕育出"以学生为核心"的教学观念，并开始展现"翻转课堂"的特色。山东省杜郎口中学随后建立了独立有效的学习模式"三三六"。自主创新的学习理念来自学生，这也被认为是翻转教学法的起源。2006年，浙江万里学院开始了以研究型教学为基础的初步尝试。2008年，该学院扩大了学习策略的实验范围，率先推行了以"任务驱动，问题引领"为教学策略的课程，采用了创新的方法，引入了"大班授课、小班交流"教学方式。通过预课和讨论来强调学生学习的教学战略，也被称为"翻转教学"的起源。2011年，萨尔曼·可汗在 TED 演讲中，中国教师重新理解了翻转课堂，并就其理论和应用展开了广泛讨论。

2012年，浙江万里学院袁贵芳教授在会计专业税法课程中进行翻转课堂授课改革实验，并逐步扩大专业课程的实验范围。现在，山东省的一些高中已经开始实施"翻转课堂"教学模式，并取得了显著的效果。但是，在高等教育领域，这种教育模式却很少被实施。据媒体报道，清华大学已经开始实施翻转课堂，浙江万里学院早在此前就进行了实验。但是，没有一所大学大规模导入特定的课程,也没有和某些中学一样在学校层面实施全面的改革。

总体来说,在我国,人们对翻转课堂的教学模式还众说纷纭,有的认为这可能带来高等教育的颠覆性的变化,也有人认为在我国现行的条件下根本实施不下去。为此,我们有必要通过实践来检验其可行性,因为实践是检验真理的唯一标准。

第二节　高校外语教学对翻转课堂的应用

翻转课堂这种独特的教学方法,对于中国的大学外语教育有着极其关键的影响。鉴于中国的大学外语教学方法迫切需要进行改良,采取和执行翻转课堂可以在某种程度上弥补大学外语教学的短板和弱项,并且为中国的高等教育进行信息化改革注入新的活力。高校外语教学中"翻转课堂"模式得到广泛使用,在改善外语教学现状、推动教学事业发展方面发挥着重要作用。

一、翻转课堂在大学外语教学应用中的发展建议

（一）教师能力的提高和教学理念的转变

作为班级引领者,教师的教学技能对于翻转课堂的成功与否是非常重要的。因此,我们必须加强对教师的培训,提高翻转课堂教学模式下教师的教学水平。首先,教师必须学会制作视频。教育机构和学校应当专门对教师进行视频技术培训。其次,教师需要改变教学理念,需要知道如何让学生参与教学活动。经过全面的培训和个人的努力,教

师可以很快掌握视频制作技能，改变教学理念，更有效地引导学生参与教学活动。

（二）评价体系的完善

在翻转课堂教学模式下，学生有更多的机会展示自己的才华，因此，以考试分数为主导的评估方法已经无法满足需求。教师需要依据学生的独立学习和课堂表现等各个方面来评估他们，这样做不仅可以更公正地评估学生的表现，还可以最大限度地激发学生的自主学习热情，从而提升他们的自主学习技巧。另外，翻转课堂教学重视学生间的协作，因此应该将学生的协作能力和组织能力作为评价对象。

（三）资源设备的优化和整合

针对我国大学设施短缺的问题，我们需要从以下几个角度来整合和优化资源。

最大限度地运用学校的现有设施，例如电脑房、外语听力室、外语学习平台等，为学生创造一个良好的学习环境。

充分利用现代信息技术，挖掘设备潜力，实现学校 Wi-Fi 全覆盖，使学生可以通过手机观看教学视频。此外，教育部需要指派专门的技术团队来创建一个统一且高效的网络平台，这样可以实现全国大学的资源共享，从而让所有的大学能够更有效地进行翻转课堂教学。

翻转课堂教学方式不仅能激发学生的学习热情，增强他们的自我学习能力，还能为他们创造更多的外语交流机会。但是，这种方法在中学外语教育中还处于初级阶段，存在很多困难。因此，为了实现翻转课堂教学，教师、学生、学校需要共同克服困难，不断优化翻转课堂，使翻转课堂的效果最大化。

二、大学外语在翻转课堂教学模式下的应用实践展望

（一）课前活动的应用实践

首先，教师会根据学生的学习状态和教科书的内容进行分析；其次，教师自己制作出与教学主题相匹配的教学视频,这样可以在课前让学生进行学习。

同时，教师会依照教学视频的内容和学生的真实学习状态，创建出富有探索性和逻辑性的教学指南，目的是激发学生的学习热情。同样，教师利用翻转课堂的开放和大规模特性，引导学生对导学案进行深入和优化，并记录下可能出现的问题，以此来提高课前预习的效率，并实现知识的初级传递。

（二）课堂教学的应用实践

在中学外语教学中,我们主要通过以下几个重要环节构建并实施翻转课堂教学模式:首先,针对学生课前可能遇到的问题,老师们要从学生的角度设置并最后给出精确的回答,这样的活动可以使教学目标和重要的教学内容更加明确。其次,教师要让学生通过团队学习研究讨论课堂课件或录像,记录研究成果,并提供咨询和指导,使课堂教学知识内在化。最后,根据翻转课堂的特点,教师要组织学生进行各种学习活动,例如,外语课件竞赛和外语小组讨论等。在这些活动中,教师要提供明确的建议,进行公开、公平、公正的评价,激发学生在大学学习外语的热情,提高他们学习外语的信心。

（三）课后复习的应用实践

在大学外语课后复习阶段,翻转课堂教学模式可以实现课堂反思的拓

展。学生可以观看和学习上传的教学视频,这进一步加强了课堂教学的反思和知识内容的强化。此外,学生利用网络平台能够减少学习过程中的知识盲区,通过与学生、老师的深度沟通,进一步完善知识体系。

另外,由于移动设备的普及,学生外语学习的方法变得越来越多样化,同题海战术等方式相比,它提高了学生的自主学习能力,提高了外语学习的效果。例如,学生可以通过手机、电脑和其他电子设备参加在线平台的学习,利用网络技术掌握口语技能。同时,他们可以利用课堂教学软件训练和强化语法、词汇和口语。

第七章　慕　课

　　慕课作为一种创新教学方法，在扩大高等教育规模、提高高等教育质量、革新人才培养理念、实现多样化和个性化教育方面发挥着重要作用。本章主要从慕课的概念及发展概况、高校对慕课资源的开发利用，以及高校外语教学对慕课的应用进行论述。

第一节　慕课的概念及发展概况

一、慕课的概念

（一）慕课的内涵

　　慕课也被称为"MOOC"，是"Massive Open Online Courses"（大规模开放式在线课程）的缩写。在这个词中，"M"代表 Massive（也就是"大规模"），意味着课程的注册人数众多；第二个字母"O"代表 Open（也就是"开放"），意味着所有有学习意愿的人都可以参与学习；第三个字母"O"代表 Online（也就是"在线"），这个特性是学习时间和地点的自由度，全天候开放；"C"则是指 Course（也被称为"课程"），这个课程与传统的远程教育方式，如电视广播、互联网、辅导专线、函授等，有所不同，也不能与近些年来广泛流行的教学视频网络共享公开课划等号。

慕课涵盖了整个教学过程，包括讲解、讨论、作业、评估和反馈，而非单纯的教学或自我学习，它是一个融合了教师讲解和学生学习的全面教学过程。

慕课是一种大型的网络虚拟课程，它能够将全球各地的讲师和数以千计的学习者连接起来。在慕课的框架内，所有的课堂教学和学生的学习都能够被全面、系统地在线化。慕课平台能够让所有的学生都参与到教学过程中，包括授课、交流见解、协同解决学习难题、完成作业、参加测验、获取分数和获取证书。从这个意义上来看，慕课课程比一般意义上的国家精品课程、视频公开课程、资源共享课程在教学功能上要强大很多。

慕课作为最新的在线教育模式，整合了社会服务、在线学习、大数据分析、移动互联网等要素，为用户提供了大规模免费在线高等教育服务和形象丰富的学习体验。慕课的巨大优势吸引了政策制定者、投资者和教育工作者的广泛关注，并使他们参与到慕课的建设中来。

目前 Coursera、Udacity、Edx 三家公司负责宣传课程。三家公司提供模块式的在线资源，并通过网络论坛举办互动问答等活动，让学生进行讨论和学习。现在的课程除了视频教学外，还涵盖了博客、网站、社交媒体等多种平台。世界著名大学丰富的课程资源吸引世界各地的学习者在线学习。在专业教师的指导下，学习者可以无障碍地学习。慕课的规模具备灵活性，不受学习人数的约束，可以容纳数万甚至更多的学习者。课程资源涵盖了全球最优秀、最尖端的教育资源。教师团队实力强大，由全球知名大学的教授担任。所有的教学资源都是开放的，任何人都可以免费注册进行学习。教学和学习都是在线进行的，对时间和地点的限制非常小。

（二）慕课、微课、精品课程概念区分

1. 慕课与微课

微课是一种以解析特定知识点为目的、简洁明了的在线教学视频。

根据其定义，我们可以理解它主要是为了配合教学而制作，通常会有 5～15 分钟的短视频。内容大多是与学生的课堂学习密切相关的微知识点或其特定领域相关的内容，主要针对在校学生。微课作为教师帮助学生深化理解知识点、强化学习的手段，具有明确的目标和相关性。

微课和慕课都是对传统教育模式的一种补充，它们都可以在空闲时间辅助学生进行学习，以实现个人的提高。然而，它们在知识体系、学习全面性、学习评估、学习时长以及关注焦点等方面存在一些区别。

（1）系统化的知识：微课主要是对零散的知识进行学习，这些知识点之间的关联性较弱，缺少系统性；而慕课则是一个全面的、连贯的教育流程，知识点之间有着紧密的连接。

（2）学习的完整性：微课主要被用于课堂教学的补充教育或者学生课后的自我学习；慕课是一个全面的学习流程，让学生能够在线上进行系统的课程学习，其中包括学习活动、师生互动、学习指导和作业等环节。

（3）学习评价：微课仅是对知识点的解释，并未对学习成果进行评价，缺乏评价的方式和手段；而慕课则可以通过完成作业和考试来评价学习成果，通过考试后可获得学习证书。目前，国内外正在研究慕课学分认证的相关问题，期待不久后，各大高校能够实现学分互认。

（4）时间长度：微课的学习周期较短，一般为 5～15 分钟，只需要解释一个知识点就可以结束；而慕课则是由一系列课程构成，时间跨度相对较长。

（5）侧重点：微课注重简洁明了的内容，知识点清晰明了；慕课强调教师和学生的互动性，以学生为核心，重视培养学生的自我学习能力。两者的重点不同。

2. 慕课与精品课程

精品课程是一种具备顶尖教师团队、顶尖教学素材、顶尖教学手段、顶尖教材以及顶尖教学管理等特性的示范课程。精品课程的课程选择主要是针对教学成果和社会接受度来说的，高校是优质课程建设的核心，课程主要通过教师的教学技巧和个人魅力来呈现。

2003 年，我国启动了国家级优质课程建设项目，该项目将现代教育技术融入课堂教学，旨在打造现代化的教学环境，并强调高校之间的优质资源共享。尽管"精品课程"和慕课在发展过程中都依赖于网络，但它们之间仍存在显著的差异，主要体现在课程目标、课程内容、教学方法、学习互动以及教学时间五个方面。

（1）课程目标：精品课程的主要目标是吸引大学生，通过提升课程的思维深度和活泼度来优化课程的质量;慕课致力于向社会公众开放教育资源，旨在让所有的人都能享受到优质的教育资源。

（2）课程内容：精品课程录制一些优秀的课程并发布在学校的网站上，主要内容是基础的理论知识;慕课是一个在线的开放课程，其内容涵盖了广泛的领域，包括多个学科。

（3）教学方法：精品课程仍然延续传统的教学模式，主要由教师进行讲解，教师是课堂的核心;慕课采用小组共同作业、答疑、课题指导等多种教学方法，这样学生会变得更有热情，老师也会更加有激情。

（4）学习互动：在精品课程的教室里，学生主要是被教师所传授的知识所吸引,他们的积极性并未得到充分展示,师生之间的互动并不显著，课后的教师与学生之间的对话几乎没有；慕课利用各种网络工具如微博、邮箱、微信等，让学生能够在线进行对话。课堂上，教师会定期发布即时任务，而且每堂课的结束后也会留下额外的作业。无论是在线还是线下，都有专门的工作人员来回答学生的疑惑,这使教师与学生之间的互动变得更加频繁。

（5）教学时间：相较于慕课和微课，精品课程每堂课时间为 30～40 分钟，这对学生的时间投入提出了更高的要求。而慕课的每堂课时长为 10～15 分钟，使学习的时间更具弹性。

精品课程是由杰出的教师授课的，并且起步较早，已经形成了一定的规模。精品课程的构建和管理已经得到了相应的国家政策和法律条例的支持。精品课程作为开放式教育资源的一部分，对于中国的慕课的进步具有重要的参考价值。慕课的构建能够借助已有的精品课程资源进行升级，并将符合网络教学需求的教育资源引入网络公开课中。比如，精简课程内容，减少教学时长，深化课程的理念，增强教师的个人吸引力，扩大课程的覆盖范围等。

二、慕课的基本属性

（一）高度的互动性

慕课的主要特点就是其交互式的教学方法。在这种方法下，教师和学生以及学生之间的互动非常频繁。教师和学生的互动包括：在课堂上，教师会对学生的问题进行专门的解答，并且采用一对一的方式进行互动；同时，教师也会为学生提供大约两小时的在线讨论时间，让他们可以与其他同学进行交流。借助网络科技，教师能够查看学生的笔记和疑惑，对他们的学习成果有明确的认识，从而能够更精准地回答他们的疑问。慕课的主要行式是协作学习。在课堂上，学生被分组，聚焦一个主题进行学习。在完成课题的过程中，教师会尽可能地调动每个成员的积极性，使之对学习的主题进行讨论交流。对于不理解的问题，成员之间可以进行对话，也可以向老师或助手咨询。学生们可以在线下通过微信、微博、论坛等方式分享遇到的困难。学生之间的交流频率很高。

（二）学习的便捷性

慕课的学习优势主要表现在其独立性和灵活性。慕课彻底打破了传统教育中"教师引领、学生服从"的模式，完全展示出一种以学生为中心、教师和互联网共同引领的全新"双主"模式。在开始教学之前，学生们会收集相关的学习资源、观看教学视频、研读相关的教材、完成练习题，以便为课堂教学做好充分的准备。在教学过程中，他们会自由选择学习的方法，记录笔记，并且能够自行挑选教学的重点。而在课后，如果遇到不明白的地方，他们会通过网络论坛、电子邮件、微博等途径进行交流和讨论。教师的角色仅限于指导和协助，而学生则需要充分利用他们的学习自主权。慕课的教育和学习方式是通过十几分钟的短视频进行的。在教学过程中，教师可以广泛使用图像和视频等多种教学工具，这不仅能够激起学生的学习热情，也能帮助他们更好地理解所学的知识。在慕课的学习模式里，并无明确的学习地点、时间和方法的限制。学习者能够在空闲的时间里，按照他们所钟爱的方法来进行学习。他们的学习过程将被全面展示出来，而且在线评估系统也会立即对他们做出反馈，从而让他们能够更好地理解自己的学习状态。已经学过的课程将被上传到网络，以便学生能够反复查看和学习。如果学习者觉得某一个知识点掌握得还不够熟练，他们可以选择重新学习，直到完全掌握。慕课学习的便捷性非常强。

（三）受众的广泛性

随着互联网的广泛应用和移动科技的飞速进步，慕课的受众群体变得越来越庞大。慕课的学习资源是免费的，可以随意访问。只需在网上注册并登录，学生就能根据自己的兴趣和需求选择适合自己的课程。来自世界各地不同文化背景的学生都可以在网络环境中参与共享学习任务和实时课程。这样的学习体验不受地理上的限制，可以在全球范围内展开。课程没有学习者人数的限制，具有明显的规模性。这种规模性既指课程学习者众多，也指课程资源覆盖广泛。总而言之，慕课的课程资源包含全球顶尖大学的优秀教育资源，学习者更是来自世界各地。

（四）课程的免费性

慕课的理念是"开放教育资源，任何人都可以接受教育"。慕课是由各大学共同建立的网络学习平台，它向人们提供高质量的课程。只要注册成功，任何学习者都可以获得来自全球知名大学教授的授课和他们研究的专业领域的最新理论知识。与传统大学课堂的昂贵学费相比，慕课能够大幅度减少经济负担。此外，由于能够跳出学校和教师的范围，接触到全球的专业知识，学习者的视野更为开阔，理论也更为前沿。慕课与各大高校合作，在线设立了专门的课程，注册者可以在线学习，无论是即时提问、提交作业还是最后的考试，都是免费的。同时，也可以在课后观看高校制作的视频（课程制作团队在制作完课程后，会将其上传）。在所有的课程学习过程中，学生无须支付任何费用（除了获得特定的证书或学分）。只有真正的免费教育才能真正推动高等教育的开放。无须支付任何费用就能接触到全球顶级的教育资源，这是慕课的最大优点，也是慕课对高等教育产生的重大影响。

三、慕课的发展历程

2005 年，加拿大曼尼托罗大学的乔治·西蒙斯在《连通主义：数字时代的学习理论（*Connectivism：A Learning Theory for the Digital Age*)》论文里，率先阐述了以互联网为背景的连通性学习观点。在这个互联网的世界，过去的等级制和固定的知识获取方式已无法适应现今的学习需求。我们必须跟上互联网和动态的信息流的步伐，并在信息的持续进步过程中，把现存的知识点串联起来形成一个知识网，并让这个知识网随着各个知识节点的持续联系而增长。在同一年，加拿大的国家研究机构的史蒂芬•道恩斯也倡导将联系性知识视为联系主义的认知理念。2008年，乔治•西蒙斯和史蒂芬•道恩斯在曼尼托洛大学合作创造了"连通主义与连通性知识"（CCK08：Connectivism and Connective Knowledge）这门课程。该课程涵盖了连通主义知识的四个主要特性：开放、自治、交互和多样性。此外，该课程还借助了当时已有的facebook、维基百科、博客论坛等网络平台，吸引了众多学生参与。学习者也能借助这些途径与其他学习者进行深度的交流和讨论，以便更好地融入课程。

慕课与CCK08一样，诞生于2008年，两者之间有着深厚的联系。来自加拿大爱德华王子岛大学的大卫•柯米尔和来自国家通识教育技术应用研究院的布莱思•亚历山大，针对CCK08这一网络课程而首次提出了慕课这个概念。在CCK08成功之后，一系列以连通主义为理论基础的慕课课程开始出现。

人们把连通主义学习理念下的慕课称作cMOOC（connectiveMOOC），cMOOC（connectiveMOOC）在连通主义的教育理念中被广泛使用，但由于对学习者的要求过于严格等一些实际和主观的因素，cMOOC更多的是由相关的专家或团队来创建课程，而不像后来的Coursera平台那样，与大学进行合作，以商业化的方式向全球推广。因此，它的影响力并未像后来的慕课那样显著。然而，许多专家已经察觉到了它的潜力，连通主义的学习观念和相关的教育方法对后来慕课的爆炸性增长起到了积极的推动作用。

2011年秋天，斯坦福大学教师塞巴斯蒂安•特龙和彼得•诺维格受到可汗学院的启发，共同创立了人工智能入门（CS221：Introduction to

Artificial Intelligence）这一学科。来自 190 个国家的 16 万名学生在获得名额之后进行学习。由于课程的巨大成就，特龙在 2012 年脱离了"象牙塔"，并联合大卫·史蒂文森和迈克·索科尔斯基共同建立了营利的网络教育服务提供商 Udacity。他们率先发布了两门两周的课程，主题是机器人汽车编程以及构建搜索引擎，这两门课程已经成功地吸引了 6.5 万的学生报名。

在 2011 年的尾声，斯坦福大学开放 3 门课程以供在线学习，尤其是吴恩达教授的"机器学习"这门课，它成功吸引了全球 10 万的学生。吴恩达和特龙一样，对于此类教学方法的潜力有着深入的认识，因此，2012 年，他和达芙妮·科勒共同建立了 Coursera 公司。在赢取投资之后，他们已经和宾夕法尼亚大学、斯坦福大学、普林斯顿大学和密歇根大学达成协议。在那一年的 7 月，Coursera 的协同伙伴数量已经上升至 16 个。至今，已有 118 个研究机构和大学，如台湾大学和香港科技大学等，与 Coursera 达成合作。

2011 年底，edX 的前身 MITx 正式启动并实施。MITx 允许在线学生进入模拟实验室，与教授和其他参与者进行交流，并且他们在完成学业后可以获得正式的证书。

2012 年的秋季，哈佛大学也参与其中，共同创立了一个名为 edx 的非营利性机构，该机构的目标是提供公开且免费的高质量在线课程。伯克利大学和德克萨斯大学后来加入了这个团队。在这个过程中，伯克利大学主要负责平台和技术支持。

美国慕课的"三驾马车"就是上述三大慕课教育平台。这些平台在各自建立后，就开始进行自身的筹资和扩展，特别是作为营利机构的前两个。随着平台上涵盖众多领域的慕课课程的逐步推出，慕课迅速在全球范围内引发了热潮。

另外，各类慕课平台都有其独特的特点和重视的理念，例如 udemy

倡导"每个人都可以上课，每个人都可以学习"，还有 Class-2go 这样的开源网站。到了 2013 年，全球各地的高校或者选择与已有的慕课平台合作，或者结成联盟创建具有自身特色的慕课平台。慕课已经成为高校教学不可缺少的一部分。在经历了 2012 年和 2013 年的爆炸式发展之后，慕课并未停止前进的步伐。

自 2012 年起，中国慕课的发展才开始显现。到了 2014 年，慕课平台上的注册用户和完成学习的人数都在逐步增加,这表明人们对慕课的兴趣并未减少，反而越来越多的人选择了慕课，并成功完成了学习。相较于过去对慕课的盲目热衷，现在的项目创始人、学习者以及专家评论员都能更加理智地审视慕课的进步和与传统教育的联系,并且对已经出现的一些问题如"双高"（高参与率和高退出率）现象、学分互认困难、课程质量参差不齐等进行了广泛的讨论。

第二节　高校对慕课资源的开发

一、利用高校图书馆开发建设慕课教育资源

（一）倡导推广慕课，政校企行支持

慕课是教学方法的重大革新、是教育领域的新产品,旨在向全社会提供开放的、高质量的在线教育课程。大学图书馆应该为慕课的全面发展尽最大努力。

首先，高校图书馆拥有丰富的数字信息教育资源、人力资源和先进的信息基础设施资源，图书馆可以促进慕课的普及和发展。同时，为高

校的教学、研究和人员培训提供高质量的资源保障服务是高校图书馆的基本功能和使命。因此，图书馆也有责任促进慕课的发展，通过推广并参与慕课的开发建设，图书馆也能够实现其服务范围的扩大，提高其影响力和地位。

其次，为了更有效地推动慕课的普及，大学图书馆需要积极地向相关部门、教育培训机构以及社区群众寻求帮助。这样可以加大宣传，创造一个较好的公众舆论环境，从而增强慕课的社会知名度和公众的接受度。此外，要争取政策支持，并且尽可能从政府、公司、社区组织等多方面获取资金支持。

（二）提供慕课版权服务，确保慕课资源合理

在慕课的构建过程中，最主要的挑战在于著作权的问题。慕课的期望目标是将所有的教育资源公之于众，不受任何国籍、种族或者学校的束缚。教育资源在公开和分享的过程中必然涉及版权问题。由于大学图书馆的版权管理体系比较健全，并且图书馆工作人员需要频繁处理版权的各项事宜，他们拥有丰富的版权服务的实际操作经验和强烈的版权保护观念，因此，他们完全能够胜任处理慕课版权相关问题的责任。他们要致力于提供包括慕课内容的版权、慕课的创始人的版权以及学生的学习任务在内的各类版权服务，以此在慕课的环境下，建立起一个值得老师与学生信任的版权咨询与管理体系。

杜克大学在慕课版权服务上展现出了独特的策略和观点。杜克大学版权与学术交流办公室（OCSC）推行了一项以图书馆为基础的慕课版权和许可服务，并发布了一系列关于教师如何合理利用慕课中引入资料的指导手册。杜克大学图书馆构建了一个相当全面的版权服务系统，主要包括三个部分：第一，为教师提供如何正确利用慕课中引入资料的指导和咨询服务；第二，对于那些需要在慕课中引入但未经第三方授权的资料，杜克大

学图书馆将进行相应的处理，比如图书馆可以主动与出版社和作者进行沟通，以取得版权许可；第三，图书馆可以通过各种方式向公共资源寻求没有版权许可的信息。

在借鉴国外版权服务优秀经验的同时，结合中国慕课和图书馆的发展，高校图书馆参与慕课版权服务应注意以下几点：一是提高图书馆员对版权的认识和敏感程度，要对他们进行有关版权和知识产权保护的培训，邀请相关法律领域的专家到图书馆演讲；二是图书馆需要主动与地方政府的立法部门协调，以确定能否制定出适合慕课环境的版权政策，最大限度地减少慕课资源使用产生的著作权纠纷，并为促进慕课的发展创造便利的政策环境。

（三）建设慕课信息共享空间，开放共享慕课资源

信息共享空间（Information Commons，IC）诞生于 20 世纪 90 年代的美国，作为图书馆信息服务的一种新形式，汇集了大量信息、咨询、各种专家以及先进的硬件和软件设施，涉及学习、沟通、研究等多个方面。如今，这种形式已成为世界各地许多学术图书馆吸引读者的首选服务。IC 的特征包括业务整合、功能丰富、布局多样、架构灵活、协作管理等。目前，我国高校图书馆多已具备 IC 硬件和软件要求，完全可以集成和优化各类图书馆资源，以高校图书馆特色和用户需求为基础，提供开放和共享资源，支撑慕课教学。由于慕课的教育方法正在我国的大学里广泛应用，IC 在其中扮演的角色逐渐变得至关重要。尽管慕课的课程能够通过电脑网络随时随地获取，但是大学生们更加关注学习的气氛、环境和品位。大学图书馆的信息共享空间提供了大量的"一搜即获"的纸质和数码文档，拥有独具一格的主题数据库，由专门的教师提供指导，还有志同道合的学生互动，并且配备了先进的互联网设施。环境温馨宜人，这些构成了大学生学习慕课的理想场所。

（四）参与慕课开发制作，开设信息素养课程

信息素养的含义就是一个人知晓什么时候需要获得信息以及如何高效地搜集、评价并利用这些信息，这是当今社会每一位公民必须拥有的一项基本能力。在网络课程的环境下，无论是老师还是学生，他们都必须拥有足够的信息素养，并且必须掌握如何从众多的信息中筛选出最优质信息的能力。大学图书馆的工作人员具备很强的信息技术能力，开展信息素养培训也是大学图书馆为慕课提供优质服务的关键环节之一。

当下，在慕课平台，中国科学技术大学的罗昭峰开设了文件管理和信息分析的课程，厦门大学的李显辉开设了信息素质和在线信息检索的课程。他们是利用图书馆开发建设慕课资源的先锋队，获得了很大的反响。图书馆员可以借鉴其经验，结合学校特点和实际情况，利用图书馆和慕课平台，与教师合作，开设信息素养课程，通过慕课提升学生的信息素养。

（五）提供慕课技术支持，管理维护

慕课课程制作需要运用现实场景，特效、课堂、平面图像处理、3d动画制作、录音、调节、效果处理等多项现代技术，也需要计算机网络和软件编程知识，这样才能制作高质量的视频教程。然而，慕课的教师由于时间和精力的限制，迫切需要与相关的技术专家进行合作。首先，大学图书馆拥有专业的数码图像和文档处理团队，恰好能够给予教师相关的技术帮助。其次，慕课的课程种类繁多、内容丰富，将它们以一个系统化、标准化的方式展示给大家，图书馆员的分类编目能力不可或缺。图书馆员可以灵活运用擅长的书目分类对各专业课程、学习资料和各种数据库进行分类编目管理，让学生能够方便地检索和学习。再次，图书馆还提供在线更新的学习辅助软件下载服务，使学生的学习更加方便；最后，信息技术人员还可以监督慕课平台的安全运营，确保网络流畅，增强对用户的监控，

及时清理平台上的不良广告，保障慕课平台的稳定运作，打造一个优质的慕课在线学习环境。

（六）其他慕课资源

"超星慕课"这个资源平台目前是中国拥有最丰富慕课资源的地方，目前已经有 7 000 多个慕课资源。这个网站依托于超星数字图书馆的文献资源，并且借助超星的学术视频资源，迅速构建了一个由 40 个慕课编辑部和 750 名专业编辑组成的团队，成为中国最庞大的慕课制作团队。这个平台的在线课程主要涵盖了中国大陆的大学在线课程，同时也包含了香港、澳门、台湾等地的大学在线课程，还有一些国际的大学在线课程，甚至还有中国大陆的中小学在线课程。

"网易公开课"的网站：Coursera，一个全球领先的在线教育平台，由美国斯坦福大学的计算机科学教授创立并主导。它与全球最优秀的大学和机构合作，通过互联网为全球大约 200 个国家的用户提供慕课课程。网易公开课网站与其合作伙伴共同推出了一个中文慕课学习和交流平台，目前主要提供 Coursera 上所有课程的详尽介绍和讨论区功能，涵盖了包含中文在内的 8 种语言的慕课，旨在让更多人了解到世界慕课的最新学习方式和最优质的教育资源。

"学堂在线"网站是由清华大学首创的大型中文在线课程平台，于2013 年 10 月 10 日正式启动，目前已经向全世界的学习者提供大概 400门的中文课程。

"酷学习"网站，这个网站的核心内容是中小学的基础教学，目前已经有 2 000 多门中小学语文、数学、物理、化学、生物、外语及科学知识的课程，这些课程资源能够作为师范院校的教学参考。

另外，"中国大学 MOOC""慕课网""好大学在线""爱学堂慕课平台""清华经管立课在线"等与慕课资源相关的网站也纷纷开设。这些网站都能够作为大学图书馆慕课资源的重要建设和服务资源。现在，一些大学图书馆已经向读者提供了与慕课教育相关的服务。

二、慕课教学模式下动态教学资源的开发

（一）学生在提问过程中生成的教学资源

在慕课的教育环境下，学生不仅需要在观看网络教学视频的同时，完成大量的日常作业、训练以及常规的课堂考试，还需要利用课程平台服务器提供的"扩展资料阅读""学习笔记""学习论坛""课程问答"以及"学生私信"等途径，与授课老师和教学团队一起进行相关的扩展性研究和学习。学生可以在"学习笔记"中记录和梳理课程的重难点，同时也能够利用"课程提问"或"学生私信"的形式，随时向教师提出疑问，从而更深层次地掌握所有的课程教学内容。"学习论坛"允许学生们提出各类问题，并且每个人都有机会参与到讨论之中，分享他们的观点。在这些学生的提问中，教学团队或主讲老师会通过网络投票的形式，挑选出最具价值的或者是在教学视频中解释不够清楚、需要进一步扩展的教学内容，然后进行集中回答，并将新的教学视频上传到教学平台，供学生们持续学习。在学生进行网络提问的过程中，由于缺少面对面交流的顾虑和尴尬，学生更能够自由表达自己的真实想法和观点。

（二）教学过程中生成的扩展性教学资源

慕课不仅充分利用了教学平台的各项功能，还积极推动所有学生通过各种方式，自发地建立各类在线学习社区。比如，教学平台的管理者和主讲教师积极引领，在平台上发起倡议，激励所有选课的学生加入"网络公选课"QQ 群，并在教学平台之外，积极创建和扩展新的网络学习互助"亚社区"。

借助学生在社交媒体上创建的"亚社区",慕课的教育资源获得了前所未有的拓宽。随着社交媒体用户的持续扩大和积累,更多的学习资源不断出现,尤其是网络资源和相关网站的链接。这不仅拓宽了学习者的视野,也让他们能够在各种社交媒体平台上获取更多的学习资源。同时,社交媒体资源的引入,也使自主学习的人群不再局限于选修课程的学生。在不知不觉中,各个"学习小组"的影响力也在增强,这让学生产生一种满足感,从而激发他们对课程学习的积极性和兴趣。

（三）师生在教学中相互激发所生成的灵感课堂

教学不应该是一个没有激情和思想碰撞的程式化进程,而是应该遵循预先设定的固定模式和流程下的思想碰撞的过程。理想的教育状态应该是在教师的启示和引导下,通过师生之间的积极互动和交流,实现向未知领域和方向前进的进阶式的过程。只有在师生和学生间的持续激励和推动下,才有可能创造出意想不到的路径和美丽的景色。此诚如《礼记·学记》所曰:"故君子之教,喻也;道而弗索,强而弗抑,开而弗达。道而弗牵则和,强而弗抑则易,开而弗达则思。和易以思,可谓善喻矣。"现代的网络科技推动了知识的更新和传播的飞速进步,慕课利用网络教育平台,创造了一种全新的"open""online"（公开的、线上的）方法,从而使教师与学生的教学过程表现出了广泛的网络交流和实时互动的特性。在这种网络化的实时交流环境里,所有参与教育活动的人们在互动和沟通的过程中,总是会产生思维的冲突,因此慕课教学方式能够随时激发与创新人们的思维,展现出即时性、开放性和集体性的特征。传统的课堂教学一直在追求理想状态,但往往难以实现。然而,在慕课教学中,这种理想状态不仅更易实现,还呈现出常态化和普遍性的特征。这些智慧碰撞所产生的灵感,不只是学生学习的珍贵资源,更是教师教学和科研过程中极其重要的学术资源,绝对不能忽视。

（四）学习分析技术保障下生成的教学资源

在慕课的全程运营中，学习分析技术扮演了极其关键的角色，它是确保教学成效的主要支撑。现代信息科技已经能够完全收集并进行大数据的系统化分析，学习分析技术能够持续追踪、采集学生的学习流程、行为模式、学习习惯，甚至能够清楚地通过后台分析，了解到学生在何种教学阶段的兴趣最高、对何种教学方式感到厌烦，并将这些信息及时反馈给教学团队。

在过去两年的教育革新和实践中，参与者深刻感受到，像慕课这样的教育组织模式，学生的收益是显著的，教师也受益良多。在这个过程中，教师从传统的知识传递者逐步转变为大型教学系统的设计者、组织者和受益者。在"open""online"的教学环境下，学生们所表达的观点、看法，提出的各种问题，包括他们在讨论过程中犯的学术错误，甚至是他们在互动学习中的热情、积极性、学习方式、思考模式、交流方式、情绪的表达等，都是教学过程中自然而然产生的动态教学资源。

在慕课的背景下，我们不仅需要掌握如何在有限的教学时间里为学生提供必要的学习素材，并对零散的教学内容进行科学且清晰的阐述和系统性的组织，还需要理解慕课教学模式下动态教学资源的产生和使用的原则。

第三节　高校对慕课资源的利用

一、慕课资源嵌入应用型高校的学科服务

用户为中心，将学科信息资源和服务整合到用户的实体或虚拟环境

中，能够打造一个满足用户个性化信息需求的信息保障环境。以下将介绍如何利用图书馆的实体空间来实现慕课的嵌入学科服务。

（一）实体信息共享空间

现在，图书馆的实体信息共享空间正在快速扩大，涵盖了多样化的信息环境，比如咨询区、讨论区、学术讲座、公众交谈区等。一些图书馆甚至根据不同的学科，将其内部的空间和资源进行融合，从而给读者呈现出更加方便的学习条件。慕课不仅包含视频，更注重师生和同伴间的互动。通过利用图书馆的实体信息共享空间，师生之间能够进行直接的交流。例如，老师和同学们可以在远程的环境下进行大型的即时视频讨论，这些活动可以在图书馆的学术报告厅中举办。此外，课后，特定的慕课学科团队的成员也能在研究室中进行相关的学习和交谈。借助信息共享平台，用户可以顺利进行慕课的线下学习活动。

（二）学科服务平台

一般来说，学科服务平台需涵盖诸如学科知识库、独特的资料库、学科信息主题服务和知识深度探索等方面的信息，这对于图书馆来说，是一个关键的学科服务窗口。目前，不同大学的学科服务平台类型繁多，例如学科博客、专业的学科服务平台、自主创建的学科信息网站等，然而，不管采用何种方式，我们都能够把慕课的资源融合进去，从而扩大学科服务的范围。借鉴海外大学的做法来创建一份慕课导航（或者是慕课导航博客、慕课信息网站等），该导航能够呈现出慕课推广的内容、经典的全面性慕课课程、信息技能的慕课课程、慕课的版权等。然后将各种学科的慕课课程、独特的多媒体资料、课程参考文献、学科主题的信息技能课程等内容融入每一份学科导航里，使用户能够根据自己的学科来查找，并且使用户能够使用学科服务平台的工具来系统地搜集和梳理与自己学科有关的课程信息。

（三）移动图书馆

目前，我国的大学已经提供了各种各样的移动图书馆服务，比如手机短信、APP、微信和 RSS 订阅等。这些服务利用互联网和移动设备，让读者无论何时何地都能获得图书馆的相关资料和服务。图书馆的工作人员也可以利用这些服务，将慕课的课程内容融入教学过程。

微信的核心功能为基于学科服务的慕课活动的嵌入式服务提供了关键的路径。利用语音文本交互和群聊的交互功能，可以在慕课课程协作学习中发挥作用，实现教师和学生以及图书馆员之间的互动交流。比如，学科馆员可以通过一对一或一对多的方式回复某个学科群组内教师和学生的咨询。借助微信公众平台的信息整合和分享功能，我们有能力创建一个慕课课程学科参考资料的订阅分享和自动反馈的系统，这样，教师和学生就能够查找并获得各种学科的慕课资源。例如，我们可以分享一些关于信息素养知识的微视频，比如关于搜索策略的设计、学科数据库的运用方法、学科开放资源的获取和介绍等主题的微视频。同时，读者只需要输入微视频的关键词，就能通过微信进行自动分享，将相关的主题微视频发送到读者的手机上。借助微信公众账号的信息分享功能，我们可以分享与慕课有关的新闻，例如学校图书馆举办的慕课活动。还可以通过微博进行慕课的推广和策划，例如厦门大学图书馆的微博已经推出了包括慕课团队招聘、慕课实地小组活动（该活动的地点位于图书馆）、慕课的深度学习优质课程资料以及视频教学讲座在内的信息。

RSS 的个性化需求定制也能够为读者提供订阅和推荐慕课资料、新闻的功能。在图书馆员发布信息的过程中，他们能够根据各种学科类型对慕课资源进行整合，并为读者提供一种分类查找的方式。图书馆工作人员能够根据主题词和关键词整理慕课资料，为读者提供查找主题词和关键词的途径。当读者访问图书馆 RSS 服务网站时，他们能够根据主题词和关键词进行搜索，比如查找慕课版权、慕课工具、参考资料、慕课课程等相关的关键词。接着，他们可以把搜索出的信息资源的链接地址复制并粘贴到新创建的频道上。当读者访问图书馆 RSS 的服务界面时，他们会看到按照学科顺序排列的资源链接地址。读者只需通过鼠标点击所需的慕课信息链接地址，然后在菜单中选择添加频道，并粘贴复制的信息链接地址。图书馆有能力依照课程的设计、学生的网络咨询等因素，为慕课教学提供相应的资料推广和个性化需求定制服务。

（四）慕课嵌入学科服务的特色

1. 促进学科服务的内容嵌入

学科服务的核心在于，学科馆员积极参与教育和研究，协助读者寻找并获取更具特色的专业信息。然而，大部分时候，由于传统的教育和研究方法，导致教师和学生只能在他们的课堂或者实验室内进行，这就导致了他们与图书馆员的互动不够深入且无法保持连贯。慕课资料能够与各个学科的服务整合起来，拓宽了该服务的信息渠道和方式，以便于满足教师和学生对于查阅各个学科的慕课资料的需要。这样，图书馆的工作人员就能够在教学过程中融合各个学科的知识，从而增强对于学科资源的使用效率。毫无疑问，学科馆员需要收集、筛选、重构、归类和标注现存的慕课资料，同时还需将它们与其他相关的学科资料融为一体。

2. 促进学科服务的过程嵌入

对于学科服务，学科馆员必须深度理解读者的行为模式、信息处理技巧和信息需求，并依据学科的特性，为读者提供积极且个性化的服务。图书馆为慕课的教师和学生之间的互动和交流活动创造了一个实体环境，让学科馆员有机会参与到教学过程中来，为教师提供数字化资源的内容支持，理解教师和学生的真实信息需求，同时也提供相关的咨询服务，推荐参考资料，协助学生利用图书馆的资源来解决慕课课程中的问题。

3. 促进学科馆员专业服务水平

在整理慕课资源的过程中，学科馆员将对该学科的高品质教育、研究焦点、学术权威等内容有更深层次的认识，这将提升他们的专业服务水平。当他们与老师和学生进行交谈时，能够更清楚地了解对方的信息素养需求和教学需求，从而更好地进行辅助性的研究工作。学科馆员有机会自我学习一些学科课程，并利用他们的专业知识，提高工作效率和学科服务水平。把慕课融入大学图书馆的学科服务中，尝试寻找一个为教师的教学和研究提供学科服务的平台，这对于在新的信息环境中给学科服务注入新的活力具有一定的启示。当然，馆员也会遇到更多的挑战，希望能够通过实践来进行相关的研究。

二、慕课背景下高校人才的信息素养教育

我国的高校慕课建设已经进入了稳定发展的阶段，然而，大学生的信息素养教育，还未得到足够的关注和重视。因此，开设大学生信息素养系列慕课已经成了大势所趋。

（一）慕课与高校发展

慕课的诞生与开放课件和开放教育资源紧密相连，它是在开放课件的兴起和开放教育资源运动的推动下诞生的。2000 年，美国麻省理工学院推出了"MIT 开放课件计划"，打算将学校的全部课程资料传至线上，供大家免费使用。2002 年，我国成功地创建了一个开放课件的网站。这个项目的设立和执行，不只是为教师和学生带来了大量的数字化课程资料，也向全球推广了开放课件的观念。同时，它也在全球范围内激发了对开放

课件的兴趣，从而催生了一场关于高等教育资源开放和共享的运动。2002年7月，联合国教科文组织在法国巴黎召开了一场名为"开放课件对发展中国家高等教育的影响"的讨论会，正式引入了"开放教育资源（Open Education Resource，OER）"的理念，并明确了其含义：OER是一种通过信息通信技术向全社会成员提供的、开放的教育资源，这些资源可以被用于非商业性的咨询、使用和修改。开放式教学的关键点在于无偿且公平的分享，同时也可以不受时间和空间的限制提供给所有人。自那时起，OER运动的风暴席卷了世界各地，引发了国内外众多大学与相关组织的热烈回应，例如犹他州立大学的"开放式学习支持系统"、卡耐基·梅隆大学的"开放式学习项目"、中国的"国家级优质课程项目"，还有"互联网档案计划""古登堡计划""维基百科""知识分享协议""太阳计算机系统全球学习社区"等。需要强调的是，2003年10月，中国的教育部正式设立了中国开放教育资源协会，其目标就是促进中美两国高等教育机构的深度协作和资源分享。该协会的主要任务就是吸纳国外的顶级课程、尖端的教育科技和教育方法，并且把中国的顶级课程和文化艺术带到全球，以此构筑国际教育资源的互动和分享的舞台。这个团体的成员来自北京交通大学、北京大学、清华大学、北京师范大学等12所高校。

2008年创建的开放课件联盟是OER运动的成果，已经吸纳了来自52个国家和地区的250多所高校以及相关机构，并且已经公开分享了超过20种语言的1万多门网络课程。这个团体专注于推动开放式教育以及扩大它在全球范围内的影响，并致力于增加各国人民接受教育的可能性以应对社会问题。2014年4月24日，该团体更名为开放式教育联盟，目前已经提供25 081门开放式课程，涵盖26种语言。

近几年来，慕课的壮大吸引了全球众多顶尖学府的关注，他们纷纷创建了慕课的建设平台。其中，美国的三大知名平台Udacity（优达学城）、Coursera（斯坦福大学）、Edx（麻省理工学院和哈佛大学），英国的

FutureLearn（未来学习）、国际的 Iversity（施普林格·自然集团旗下的在线课程平台）、澳大利亚的 Open2Study（澳洲线上大学的实务类 MOOC 平台）、中国的"学堂在线"和"好大学在线"等都是慕课的重要合作伙伴。

（二）应用型高校开设大学生信息素养系列慕课

自 20 世纪 80 年代起，中国的信息技术教育就已经启动，这种教育模式主要是通过在全国的大学里提供"文献搜寻与应用"（即所有的公共选修课），培养现有的大学生的信息技术能力。虽然这些课程的名字多种多样，包括了信息搜集与应用、信息搜寻与互联网资源的使用、现代化的信息搜寻与应用、文献信息的搜寻等，然而它们的关键部分都是关于文献搜寻的基本理念和知识、各种不同的搜寻工具的基本原则以及搜寻技巧、主流的数据库使用以及图书馆的使用的内容。当我们步入数字化的世界，这门课的模式和主题都显得陈旧，既不能满足社会的进步和时代的变迁，也不能满足大学生们对于信息资料的搜集、使用的需求。近几年，海外大学已经将原先的文献搜寻课程转变为信息素养教育。同样，我国的一部分大学也在积极响应这一趋势，推出了一系列的信息教育课程，例如北京大学的"信息素养概论"、上海交通大学的"信息素养与实践"、深圳职业技术学院的"信息素养步进课程"、韶关学院的"大学生信息素养教育"等。

通过在大学里实施信息素养教育，不只丰富了学生的信息搜寻、图书馆知识、媒介知识、电脑知识、互联网知识、数码知识和科研知识，还可以增强他们对现代化的信息环境的认知、适应和利用信息的主动性、洞察力和独立思考的能力，进一步提升他们的全面素质。伴随着全球各地高校纷纷推出慕课，建立大学生的信息技能培训体系已成为一种必然，并且也是当前的发展方向。

第一，慕课的互动功能可以增强大学生的信息技术课程的教育成效。

相较于常规的在线讲座，慕课影片中包括许多互动训练。这些训练不只可以让学生迅速掌握并强化已经掌握的知识，还可以刺激他们的学习热情，激励和指导他们更主动地去学习和思考，让他们由被迫接受知识转向主动独立地学习，显著提升了学习成绩。在这个过程中，慕课的互动特点对于实施信息技能培训的模拟搜索任务大有裨益。

第二，慕课的开放性对于向全校的本科生以及社会大众提供信息素养课程具有积极的推动作用。与传统的网络课程相比，慕课的开放性更具吸引力，尤其适合作为全校公选课的信息素养课程。这不只是因为每个大学生都需要接受信息素养教育，同样也是因为社会大众对信息素养教育的需求。所以，信息素养课程应当以慕课的方式，同时对在校学生和社会大众进行免费开放。让更多的人能够接受信息教育，以增强他们的信息能力和全面素质。

第三，慕课的多样性极好地配合了大学生的信息素质课程的模块化授课。鉴于每个大学生都拥有独特的学术领域，他们在信息素质教育上的需求也是多种多样的，可以划分成五个主题：人文、社会、自然、工程和医疗。这样做是为了更好地满足每个领域的需求。在这个过程中，我们也能够创建一些像"插件和游戏"这样的部件，使老师能够在所有情况下都能够融入慕课里，从而最大化地运用慕课的多样化优势进行教育。

第四，慕课的交互功能为信息素养教育所需的各种对话和沟通创造了良好的环境。借助于网络社群和社交媒体的对话沟通，是慕课的独特优点之一，这样既能促成学生与教师的对话沟通，同时也能促成学生们的对话沟通。针对教师提出的问题，学生们有机会进行深入的对话和探讨，同时，他们还能在网络社区中实施"同伴评价"，这不仅加深了他们的参与度，还推动了他们向彼此学习。

第四节　高校外语教学对慕课的应用

慕课课程，究其本质，是互联网多媒体发展到高级阶段的产物。它既创造了一种新的网络学习环境，同时本身又是宝贵的网络学习资源，是教学方式和评价手段的开拓创新。慕课课程和外语教学存在着非常紧密的联系。

2014 年 9 月 24 日，清华大学外语系的张文霞教授等开设了"宇宙中心外语听说课"，标志着我国通识外语类的慕课课程正式登上历史舞台。

慕课对我国的外语教学来说是一把双刃剑：大量的慕课课程的上线给我国的外语教学，尤其是大学外语教学，带来了极大的挑战，但同时又给我国大学外语的深化改革带来了前所未有的机遇。

一、慕课在高校外语教学中发展

慕课的出现为学生提供了大量优质的语言学习资源：一方面，大批国际非语言专业的慕课（以外语为主要授课语言）已逐步推出，它们等同于中国某些大学所设立的"全英文专业"；另一方面，英国文化委员会联手未来学习（FutureLearn）共同打造了众多的公共外语课程，旨在协助公众提升外语能力。这些课程（即外语语言慕课）是英国文化委员会多年来为世界各地的学生及教职员工提供学术援助的成果汇编。

（一）高校外语教学质量的提高

慕课课程内容由四个环节构成，即观看教学录像、完成指定的阅读、参与论坛讨论、完成相应作业。如果在任何一个环节遭遇语言障碍，学生就可能会看不懂视频、读不懂文章或完不成作业，最终放弃学习，半途而废。我国很多高校的大学生在完成大学外语课程的学习后（部分学生正在学习大学外语课程），语言能力还达不到学习国际慕课所需的要求。慕课是典型的以学生为中心的教学设计课程，直接挑战了我国大学外语课堂的教学质量。慕课通过营造全英文学习环境、提供经典学习资源、实施师生在线即时交互和生生在线即时交互，能够逐步创建大量的优质外语课程。学生在慕课中学习，能够提高其外语学习效果。

（二）高校外语课程内容的丰富

我国的大学外语教育旨在提升学生的全面外语运用技能，尤其是口头表达能力，让他们能够在未来的学习、就业及社交活动中，利用外语进行顺畅的沟通，并且加强自主学习的能力、提升文化修养，从而满足我国的社会进步及与世界的互动需求。通常，大多数高等教育机构的课程主要包括"综合外语"与"视听说"两部分，这些课程的目标是提升学生的人文修养，但是，对于满足学生的特定学习需求（例如学术外语）的训练却相当缺乏。

（三）高校外语评价方式的转变

评价学生的学习过程可以被划分为形成性评价和终结性评价两种。然而，由于大学外语公共基础课程的独特性，许多普通本科院校的外语教师需要同时给多个班级授课，每个班级的学生人数众多，因此，过程性评价（即形成性评价）的质量并不理想。并且，从实际情况来看，许多高校期末考试（终结性评估）又要权衡全年级学生的过关率，没有很好地起到激发学生学习动机的作用。另外，社会对学生的外语能力的评估主要基于他们的外语考试分数。因此，学生需要投入大量的时间进行复习：如机械地记忆单词、进行阅读理解训练以及进行标准化的听力（如标准的发音速度、标准的测验模式等）。在慕课的实际环境下，那些习惯于进行考试的学生经常感到力不从心。由于资金、设备和人员的短缺，目前广泛的口语测验并未得以执行，对学生的"说"能力的提升也难以达成。

二、依托国际慕课课程的优势

慕课的主要优点在于，它使世界各地的知名大学和教授的高品质课程得以分享，这样学生就能根据自身的需求来学习。对于那些有足够学习能力的在校学生，他们也可以选择自己喜欢的课程，完成相关的作业，并且可以在全球的网络社区中讨论和分享他们的学习经历。在我国大学外语教学亟须改革的今天，慕课给大学外语教学带来了难得的机遇。

（一）激发学生学习动机

大多数学生无法顺利进行慕课的学习，其关键就在于他们的语言能力有所欠缺。教师可以利用这一机会，推动学生通过参加全球慕课，从而增强他们的外语技巧。在以需求为导向的语言学习环节，教师可以增强学生对于学习大学英文的热情，并且鼓励他们把在上慕课时碰到的困难带回课堂，通过和教师、同学的交流和协作，去解决这些问题。

（二）提升学生外语水平

学生在国际慕课课程的学习过程中，不仅能够进一步提升自己的语言能力，同时也能增强自己的专业知识和人文修养。以 Coursera 平台（美国大型公开在线课程项目平台）为例，外语是学习数百门课程的唯一工作语言（部分授课视频提供中文字幕），各门课程还要求学生用外语完成作业、用外语参与讨论。在整个课程的学习过程中，学生完全置身于外语环境中。为了听懂课程内容，学生需要反复观看视频、反复阅读外文文献、浏览外文帖子、用外语发帖和回帖。

在全部的教学过程里，学生能够体验到真实的外语环境，运用外语进行思维和沟通，这将使外语的重要性得以完全的体现。因此，学生完成慕课课程数量越多，外语水平提升越快。

高校在进行大学外语教学改革时，可以根据本校学生的实际情况，直接引入一些慕课课程。学生可以在课后自行学习某一门慕课，而教师则在课堂上解答疑惑，通过"翻转课堂"的教学方式来进行教学和评估。这种灵活运用的方式，可以将优质的海外课程资源与本校的实际发展情况相结合，真正实现慕课的本土化。

参考文献

[1] 牛咏梅. 基于在线学习行为数据分析的网络教育教学研究 [M]. 北京：中国商务出版社，2018.

[2] 邵恒. 在线教育对教育的影响 [M]. 沈阳：沈阳出版社，2017.

[3] 岑健林. 微课技术与技巧 [M]. 西安：陕西科学技术出版社，2020.

[4] 何聚厚. 高校教学模式创新与实践研究 [M]. 西安：陕西师范大学出版总社有限公司，2021.

[5] 乜勇. 网络课程有效教学研究 [M]. 西安：陕西师范大学出版社，2011.

[6] 张治海，孙颖. 外语教学与课程设计 [M]. 哈尔滨：哈尔滨出版社，2022.

[7] 郭鸿雁，周震. 新时代外语教学改革 [M]. 银川：宁夏人民教育出版社，2020.

[8] 方静，王瑞琪，冯凌云. 外语教学与模式研究 [M]. 长春：吉林人民出版社，2021.

[9] 何鸣皋，谢志昆. 混合式教学设计基于 MOOC（慕课）的 SPOC 教学改革实践 [M]. 昆明：云南大学出版社，2018.

[10] 朱定见. 微课、慕课与翻转课堂视频制作一本通 [M]. 成都：西南交通大学出版社，2019.

[11] 左崇良. 基于教学学术的高校在线教学创新 [J]. 现代教育科学，2023（04）：105-110.

［12］钱小龙，仇江燕. 全球视野下的在线高等教育均衡发展［J］. 苏州大学学报（教育科学版），2023，11（02）：119-128.

［13］陶春香，王甜. 基于慕课视域下的大学外语教学研究［J］. 当代教育实践与教学研究，2017（01）：4.

［14］文雯，周璐，马志新. 在线教育常态化背景下大学生在线课程学情分析［J］. 教育发展研究，2023，43（05）：28-36.

［15］陈卓. 融合背景下在线教育面临的困境及破解路径［J］. 公关世界，2023（04）：117-119.

［16］王灿娟. 外语类微课研究现状及发展趋势［J］. 高等日语教育，2019（01）：15-24＋155.

［17］张殿恩，王蕴喆. 慕课视域下外语微课设计与实践研究［J］. 黑龙江高教研究，2018，36（11）：149-152.

［18］王洪林，钟守满. 中国外语教学改革前瞻：从微课到慕课再到翻转课堂［J］. 外语电化教学，2017（01）：16-20＋34.

［19］李冬梅. 慕课与翻转课堂相结合的外语教学模式探索［J］. 海外英语，2015（15）：80-81.

［20］崔小萍，宇聪. 慕课在外语教学中的应用［J］. 鄂州大学学报，2015，22（02）：82-83.

［21］何宇君. 个性化大学外语网络教学平台构建探究［D］. 桂林：广西师范大学，2014.

［22］胡笑颖. 翻转课堂在线上汉语教学中的应用研究［D］. 大连：大连理工大学，2021.

［23］于若楠. 中国教育行业线上线下融合教学 OMO 发展研究［D］. 北京：北京外国语大学，2021.

［24］舒田浪. 在线教育学习平台的设计与实现［D］. 武汉：华中科技大学，2018.

［25］刘娜汝. 基于国际中文慕课的线上混合式学习需求与教学实践的调查分析［D］. 济南：山东大学，2022.

［26］贾振霞. 大学英语混合式教学中的有效教学行为研究［D］. 上海：上海外国语大学，2019.

［27］张平怡. 翻转课堂在初中英语听说教学中的实践研究［D］. 武汉：华中师范大学，2017.

［28］葛军. 外语数字化学习资源视觉表征与视觉呈现设计策略研究［D］. 武汉：华中师范大学，2017.

［29］贾振霞. 大学英语混合式教学中的有效教学行为研究［D］. 上海：上海外国语大学，2019.

［30］张晶. 慕课环境下翻转课堂与大学生外语自主学习能力培养研究［D］. 哈尔滨：黑龙江大学，2018.